Colporteurs des rues de Pékin

Cris, bruits & produits

Commentaires & transcription du chinois.

Les notes et commentaires du traducteur figurent en italique, dans le corps du texte (précédés de *NdT*) ou dans des paragraphes séparés.

La transcription des noms chinois utilisée dans cet ouvrage est le système officiel pinyin en usage en République populaire de Chine, dont l'usage est aujourd'hui le plus courant. Pour les quelques passages en chinois, la règle suivante a été adoptée : caractères traditionnels pour les cris et appels des colporteurs (essentiellement pour des raisons esthétiques), et caractères simplifiés pour les citations dans le corps du texte ou des notes.

Le catalogue complet des éditions du non-agir est disponible sur le site : **non-agir.fr**

SAMUEL VICTOR CONSTANT

COLPORTEURS
DES RUES DE PÉKIN
CRIS, BRUITS ET PRODUITS

1936

京都叫賣圖

Avec cinq lavis de Charles Chauderlot

Éditions du non-agir

Titre original :

Calls, Sounds and Merchandise
of the Peking Street Peddlers, 1936

Texte traduit, présenté et commenté par Alexis Brossollet

© Éditions du non-agir, Paris 2014

Les œuvres de M. Chauderlot, en pages 18, 52, 72-73, 108-109 et en couverture, ainsi que celle de Mme Covey en page 11, appartiennent à leur auteur respectif. Les autres illustrations sont du domaine public.

ISBN 979-10-92475-11-1

Tous droits de reproduction et d'adaptation réservés pour tous pays

SOMMAIRE

Sommaire	7
Remerciements	8
Préface *du traducteur*	9
Introduction *de l'auteur*	15
PRINTEMPS	19
ÉTÉ	51
AUTOMNE	73
HIVER	109
Bibliographie	144
Table	145

*Les remerciements du traducteur vont d'abord
à Stephen et Thomas Constant, petit-fils et fils de l'auteur,
qui lui ont permis la traduction et la publication de cet ouvrage.*

*Ils s'adressent également aux artistes Charles Chauderlot
et Rosemary Covey, pour l'autorisation de reproduire leurs œuvres.*

*Enfin, ils vont à Mmes Denise Thompson et Carrie Marsh,
respectivement de la Claremont Graduate University
et directrice des collections spéciales de la bibliothèque
Honnold/Mudd à Claremont, pour leur aide.*

PRÉFACE

du traducteur

C'EST À SAMUEL VICTOR CONSTANT, officier américain né en 1894 et mort en 1989, que l'on doit cette étude sur les colporteurs, petits marchands et bateleurs des rues de Pékin, tels qu'ils existaient à la fin de l'Empire et pendant la période républicaine. Le capitaine Constant vivait à Pékin depuis 1923 et appartenait à la mission militaire de l'ambassade des États-Unis. Il avait d'abord commencé par étudier le chinois au *College of Chinese Studies*, institut fondé par des Américains en 1910. Il quitta la Chine en 1936 pour ne plus y revenir. Sa collection de livres, ses lettres et ses papiers académiques ont été légués par son fils Thomas Constant à l'université de Claremont, en Californie, responsable du fond d'archives *Pettus Archival Project* (William B. Pettus était le doyen du *College* à l'époque où Samuel y étudiait). En revanche, sa collection d'instruments de musique et autres ustensiles et bruiteurs utilisés par les colporteurs de Pékin pour signaler leur présence et se faire reconnaître a été conservée par Stephen Constant, fils de Thomas et lui-même ingénieur du son.

On retiendra que Samuel Constant aura rédigé, pendant les treize années de son séjour, un lexique sino-anglais de vocabulaire militaire (*Chinese Military Terms*, China Booksellers Ltd, Pékin 1927), et deux courts ouvrages sans rapport aucun avec le militaire ou le politique : un bref répertoire illustré d'enseignes commerciales (*Trade and shop signs*, Peiyang Press) et l'étude sur les colporteurs. Celle-ci fut publiée d'abord sous la forme d'un dossier de maîtrise en 1935 puis par les éditions Camel Bell, probablement l'année d'après, sous le titre de *Calls, Sounds and Merchandise of the Peking Street Peddlers* et sous un pseudonyme chinois, 康斯丹 (simple transcription phonétique de Constant).

Ce livre connaîtra par la suite deux autres éditions. Henry Morris, directeur de la maison d'édition d'art *Bird & Bull Press*, située à Newtown en Pennsylvanie, eut accès à une copie de l'édition de Camel Bell et décida en 1993 de le rééditer, sans arriver toutefois à contacter les descendants de l'auteur. Le résultat est un ouvrage de luxe relié en cuir et tissu, imprimé à la main à deux cent exemplaires seulement sur papier d'Arches et comprenant vingt-cinq magnifiques impressions à partir de gravures sur bois par l'artiste américaine Rosemary Covey *(ci-contre)*. Ces œuvres remplaçaient les illustrations d'origine que Morris trouvait « trop colorées ». Quelques années après, les éditions de la librairie de Pékin (北京图书馆出版社) décidèrent de même d'en publier une traduction chinoise, qui a fait l'objet de plusieurs réimpressions.

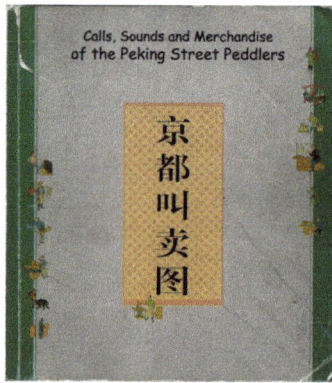

Comme l'a montré M. Feng Yi dans un article de décembre 2008 *(cf la bibliographie en fin d'ouvrage)*, l'ouvrage de Samuel Constant est l'une des très rares sources d'époque sur les colporteurs de Pékin. Qui eut pu prédire en effet que tous

Le dresseur de souris

L'une des gravures sur bois de Mme Covey (voir page 118)

ces corps de métiers, partie intégrante du quotidien des villes chinoises et dont les cris rythmaient la vie des *hutong*, les étroites ruelles de la capitale, s'évanouiraient bel et bien, quelques décennies plus tard, et deviendraient dès lors sujets historiques ? Si, au début des années 1960, les rares visiteurs de Pékin témoignent encore de leur existence, la tourmente de la Révolution Culturelle balaya brutalement et sans rémission ces derniers vestiges de la « société féodale » et de l'esprit d'entrepreneuriat individuel. Quand les étals des marchands de rue ressurgirent en masse, à partir des années 1980 dites de « réforme et d'ouverture », ce fut sous des formes bien différentes. Les instruments étaient détruits, les cris étaient oubliés, les produits avaient, pour la plupart, changé, à l'exception notable de nombre de spécialités culinaires – galettes, beignets et friandises diverses.

Qu'il soit permis au traducteur, pour illustrer la disparition quasi-totale des traditions présentées dans ce livre, d'évoquer un souvenir d'enfance : les ruelles du Pékin de la fin des années 1970, pour bruyantes qu'elles étaient, ne résonnaient que du cri d'une unique sorte de marchand de rue, et d'une sorte, qui plus est, qui n'existait pas encore à l'époque de Samuel Constant. Il s'agissait des marchandes de glaces ; ces petites vieilles rabougries poussaient devant elles un coffre de mauvais bois, monté sur une roue de brouette, et contenant quelques blocs de glace sale pour garder au frais leurs petits bâtonnets de glaces au lait (un seul modèle – il ne fallait pas encourager la frivolité). À intervalles réguliers, l'air vibrait de leurs appels ; on s'étonnait que la voix de créatures de si fragile apparence puissent porter si loin. Et pendant si longtemps : il leur fallait de longues secondes pour éructer leur inoubliable BIIIIIINNNNGGGOOOOOUUUUEEEEEERRRR !!!, avec cet accent de gorge si caractéristique de la capitale, qui transformait un innocent 冰棍 *bīnggùn* (terme désignant ce modeste équivalent de l'esquimau) en une sorte de lointain et terrifiant, pour les non-initiés, roulement d'artillerie de campagne ou en lamentation d'un étrange volatile marin.

*

Si Samuel Constant décrit dans son texte les colporteurs (appelé en chinois les 串胡同小贩 ou « petits marchands qui visitent les ruelles ») tels qu'il les a vus, entendus et fréquentés, ses talents de dessinateur ne lui ont en revanche pas permis d'en faire le portrait exact. Ses illustrations reproduisent ainsi, ou s'inspirent, de sources *a priori* plus anciennes qui nous sont inconnues. La preuve la plus évidente en est que nombre de ses colporteurs portent la natte mandchoue, dont l'usage avait disparu très vite en Chine dans les années suivant la chute de la dynastie Qing en 1911, un quart de siècle avant la rédaction du livre.

Cette traduction française bénéficie de plusieurs apports illustrés qui en augmentent grandement l'intérêt. Tout d'abord, nous avons la chance de pouvoir reproduire l'une des illustrations de Mme Rosemary Covey, qui figuraient dans l'édition de luxe de *Bird & Bull Press*. Ensuite, nous avons pu utiliser les magnifiques lavis à l'encre de Chine de Charles Chauderlot pour l'illustration de couverture et l'ouverture de chaque partie de l'ouvrage correspondant aux quatre saisons. Ces lavis, bien que récents, sont à peine anachroniques puisque l'artiste, qui a longtemps vécu à Pékin, s'est attaché à rendre l'atmosphère de la vieille ville aujourd'hui passée aux pertes et profits de la modernisation. Nous encourageons les lecteurs intéressés par la qualité de ces œuvres à consulter les sites internet des deux artistes concernés. Enfin, quand il a pu, le traducteur s'est efforcé d'enrichir ses propres commentaires du texte original, modestement didactiques, par quelques plans, photos et illustrations plus récentes, sans valeur artistique particulière mais permettant de compléter l'information fournie.

Laissons maintenant la place à Samuel Constant pour le début de sa promenade dans le Pékin d'avant-guerre....

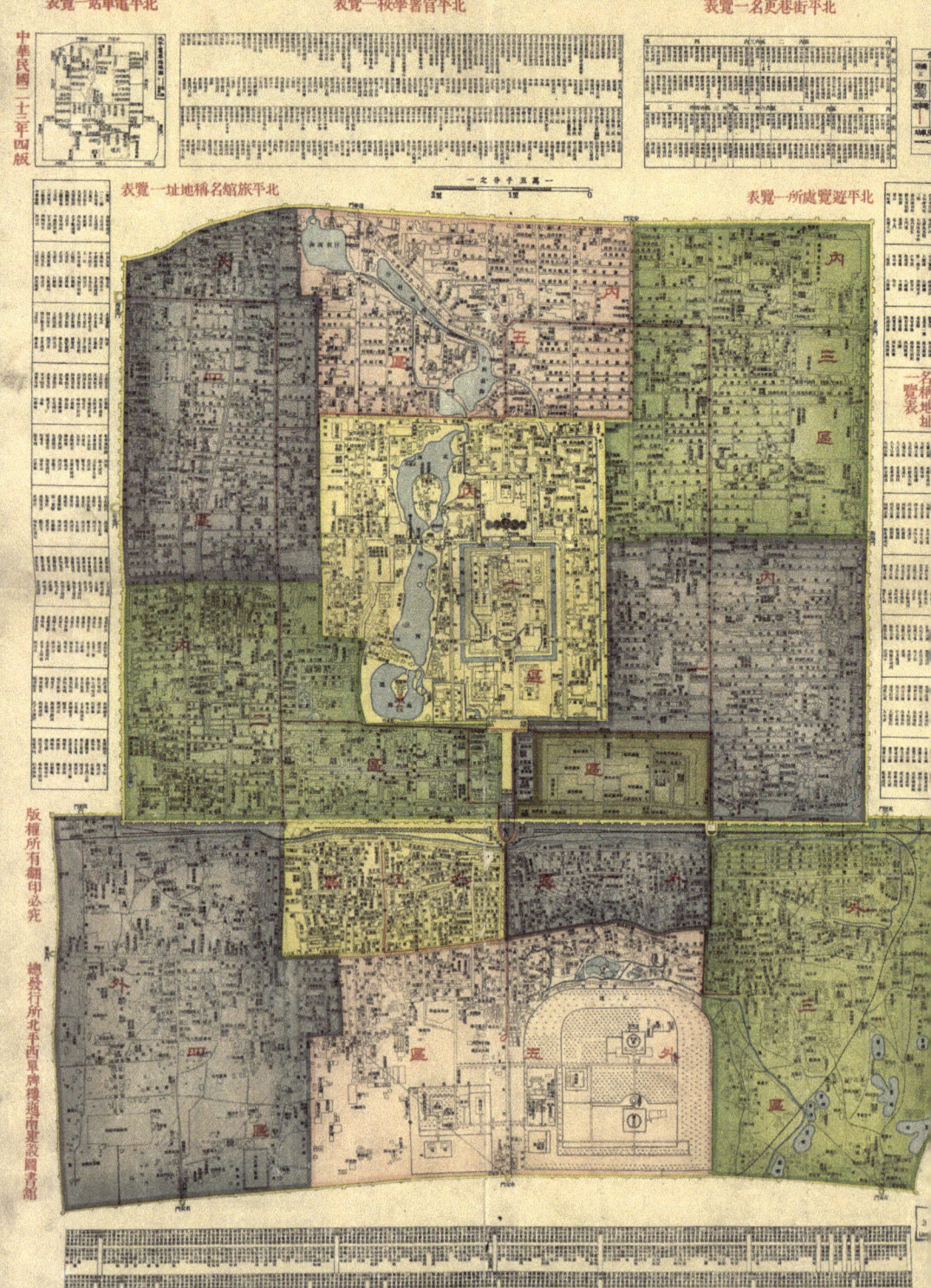

INTRODUCTION

Samuel V. Constant

La CHINE EST UNE NATION DE MURS entourés d'autres murs. Leur taille varie, de la très fameuse Grande Muraille de Chine, longue de plus de trois mille kilomètres, aux humbles enclos de boue des paysans. Ceux-ci sont édifiés jour après jour par les habitants des campagnes pour protéger leur petit domaine et leurs maigres possessions contre les bêtes errantes ou, plus sauvages encore, les hommes en maraude. La construction de celle-là a commencé en - 240 avant le Christ en vue de défendre la grande plaine du Nord contre les Tartares ; elle est considérée comme l'une des merveilles du Monde.

Entre ces deux extrêmes nous trouvons toutes sortes de murs – les fortifications des villes, les murs des palais, les murailles des *yamen*, les murs des riches et ceux des pauvres. Il ne fait aucun doute que tous ces murs ont profondément influencé l'histoire de la Chine et la psyché de son peuple. Ils ont en outre poussé chaque famille chinoise à se bâtir son propre petit château féodal, pour ainsi dire, à l'abri duquel la famille ou le clan se retire en en fermant les portes.

Derrière ces innombrables murs, se sont joués au cours des siècles maints actes de grandeur et moult tragédies. La famille chinoise est ainsi, dans son domaine muré, un échantillon précis et un exemple à une échelle réduite de la grande nation qu'elle représente. Dans une large mesure, le domaine est pour ses membres le monde lui-même ; c'est d'autant plus vrai pour les femmes, qui y sont souvent confinées et pour lesquelles en sortir est un évènement en soi.

Illustration ci-contre :
Carte de Pékin en 1934 (La ville porte alors le nom de Beiping, la paix du Nord).
Librairie du Congrès des Étas-Unis. *Domaine public.*

C'est bien en raison de la nature féodale de la société chinoise que le colporteur, ou marchand de rue, est devenu une institution. Les femmes chinoises ne pouvaient en effet quitter leurs résidences pour se rendre au marché ou visiter les boutiques, sauf en de rares occasions comme les foires de temples. Coutumes et traditions séculaires – sans même parler de leurs pieds bandés – les empêchaient de franchir aisément leurs murs à la recherche des produits indispensables à la vie quotidienne. Les marchands de rue de toutes sortes jouaient donc un rôle primordial dans la vie chinoise. Ils étaient légion – et ils vendaient, achetaient, troquaient, réparaient et divertissaient ; ils répondaient, en somme, de toutes les manières possibles à l'immense diversité des besoins humains.

Le fait que les gens vivent reclus derrière des murs a eu pour conséquence que chacune des professions représentées chez les colporteurs disposait d'un bruit ou d'un appel caractéristique, par lequel le marchand pouvait avertir les habitants de chaque ruelle et de chaque demeure de sa présence. C'était souvent sa seule manière de faire l'article de sa marchandise.

Cette publicité auditive prenait donc diverses formes. Certains colporteurs chantaient ou faisaient l'éloge de leurs produits avec une voix musicale destinée à flatter l'oreille du client potentiel. D'autres poussaient des cris discordants qui portaient sur les nerfs, comme si c'était le Diable lui-même qui avait quelque chose à vendre ; plusieurs criaient sans utiliser ces artifices, tandis qu'un nombre très limité n'avaient aucun cri ni bruit, et l'on peut se demander comment ils survivaient. Les plus intéressants étaient sans doute ceux qui se servaient d'un instrument d'un type ou d'un autre, allant de la corne de temple bouddhique d'origine tibétaine à la simple percussion d'un bâtonnet sur le chaudron, la gourde ou tout autre ustensile vendu par le colporteur.

Les cris et bruits étaient donc aussi variés que les métiers eux-mêmes. Chaque localité suivait ses propres traditions, mais il est intéressant de constater qu'en ce qui concerne les instruments décrits dans cet ouvrage, beaucoup servaient dans diverses régions de Chine pour la même profession. En revanche, les appels, cris ou hurlements étaient moins uniformes et variaient prodigieusement selon l'aire géographique considérée. Mais qu'elle soit de nature vocale ou instrumentale, la réclame des colporteurs était riche de couleurs sonores et constitue l'une des caractéristiques les plus marquantes de la vie dans les *hu t'ung* de Pékin, comme sont appelées en chinois les étroites ruelles et allées de la capitale.

*

Cette étude porte donc sur les « cris, bruits et produits des colporteurs des rues de Pékin ». Elle donne une vision, inédite à ce jour, de la vie, des traditions et de la psychologie du peuple chinois. Sans être entièrement exhaustive – car la variété des professions exercées par ces marchands de rue semble être infinie – elle présente toutefois les plus communs et les plus importants de ces métiers : une soixantaine d'entre eux sont ainsi décrits dans les pages qui vont suivre, avec leurs cris, leurs instruments caractéristiques et ce qu'ils ont à vendre, à acheter, à troquer, qu'il s'agisse d'une marchandise ou d'un service, à leurs clients vivant derrière les murs du vieux Pékin. L'ancienne capitale de la Chine, résidence de nombreux empereurs, a un charme et des traditions qui lui sont propres. Celles des marchands de rue n'en sont pas les moindres, et point n'est besoin de souligner l'importance de ces petits métiers qui subviennent aux besoins des sept cent mille habitants de la vieille cité.

*

Le texte de l'étude a d'abord été rédigé pour les besoins du diplôme de *Master of Arts* du Collège des études chinoises de Pékin, et il est publié avec la permission des autorités de cette institution. Les remerciements de l'auteur vont tout particulièrement au Dr. W. B. Pettus, Président du Collège, pour son aide et ses conseils dans en ce qui concerne les études linguistiques, ainsi qu'à son professeur et ami, M. Chin Yueh-p'o.

PRINTEMPS

Les vendeurs de graines de pastèques

Ils s'annoncent en criant : *hǎokè de guāzǐr wèi !*

好嗑的瓜子喂！

« Faciles à croquer, les graines de pastèèèèèèque, hé ! »

Ils vendent des graines de citrouille, blanches ou jaunes, ainsi que des graines noires de pastèque séchées au feu. Les Chinois sont très friands de ces graines dont ils croquent les bords d'un coup d'incisives pour en savourer l'amande. Une soucoupe pleine de ces graines semble faire son apparition comme par miracle, accompagnée de thé, à chaque occasion de se rassembler entre amis ou en famille, et contribue à garantir l'atmosphère de convivialité.

Les vendeurs de graines se servent d'un petit gong d'environ dix centimètres de diamètre qu'ils frappent avec une baguette de bois. Ils portent un panier au creux du bras. Bien qu'on les croise toute l'année, ils sont surtout nombreux autour du Nouvel An ; en effet, en plus de leurs graines, ils vendent aussi souvent des jeux de cartes chinoises utilisées pour passer le temps pendant le réveillon. La vente de ces cartes est cependant interdite par la police.

On trouve toujours, bien entendu, des graines de pastèques à croquer, mais elles ont été largement supplantées dans les goûts de la population par les graines de tournesol ou 葵花子 **kuíhuāzǐ**, *aujourd'hui vendues dans d'infâmes sacs en plastique plutôt que dans des paniers d'osier ou de bambou... On se souvient de la vision du narrateur de la* Montagne de l'Âme, *au tout début du roman, arrivant sur le parking de la gare routière d'un chef-lieu de district reculé :*

一帮子年轻人从口袋里掏出葵花子，一个接一个扔进嘴里，又立即用嘴皮子把壳儿吐出来，吃得干净利落，还哔剥作响，那分优闲，那种洒脱，自然是本地作风。

« Une bande de jeunes gens piochent des graines de tournesol dans un sac, les enfournent une à une en bouche et en recrachent immédiatement l'écorce d'un mouvement des lèvres, propre et net, avec un petit ptt ptt, si dégagé, si désinvolte, en accord tellement naturel avec le style local ». *La dernière remarque n'engage que son auteur, puisque cette petite manœuvre linguo-dento-labiale est en fait universellement répandue en Chine.*

Les vendeurs de guimbardes

Ils poussent le cri suivant :

Kǒuqínr lái, mǎi kǒuqínr !

口琴兒來，買口琴兒！

« Elles sont là les guimbardes, achetez mes guimbardes ! »

En vérité, la vente de ces instruments de musique n'est qu'un prétexte, et comme les vendeurs de graines ils écoulent sous le manteau plusieurs sortes de jeux : des séries de six dés (骰子 ou 色子, qui se prononcent identiquement *shǎizi* à Pékin), des jeux comportant trente-deux tuiles appelés « cartes en os » (骨牌 *gǔpái*), et des jeux de cartes à cent vingt-huit cartes (*zhǐpái* ou « cartes en papier »). Ces jeux sont très populaires au Nouvel An, mais leur vente est illégale car ils encouragent les paris.

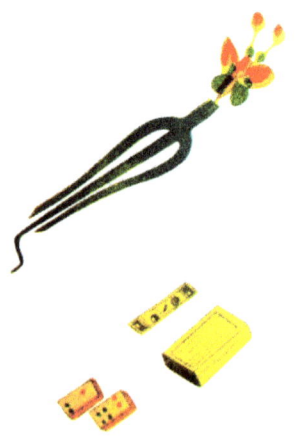

Ils enveloppent leurs guimbardes ou « harpes à bouche » dans un tissu, et les poches de leur grand pardessus sont pleines de cartes et de dés. Les policiers connaissent parfaitement les tenants et aboutissants de ce petit trafic mais ne s'en mêlent pas tant que la transaction ne se déroule pas sous leur nez. C'est pour cette raison que le client potentiel convie le vendeur dans sa cour, referme les battants du portail et peut dès lors tranquillement commencer la séance de marchandage.

D'après les sources anciennes, il existait six sortes de dés, jeu qu'on dit inventé sous la dynastie des Tang, mais seulement deux sortes de cartes : les cartes dures en os, et les cartes souples en papier.

Un jeu de « cartes en os » comprend trente-deux tuiles dont la valeur varie selon qu'elles sont fabriquées à partir d'os, de bambou, de bois ou d'ivoire. Chaque tuile fait environ cinq centimètres de long sur deux et demi de large et porte de deux (les deux tuiles « double un ») à douze points. Ce jeu ressemble beaucoup, physiquement, au jeu occidental des dominos mais les règles en sont très différentes, cousines en fait de celles des jeux de cartes et du mah-jong. De deux à quatre personnes peuvent y jouer. La paire de tuiles sur l'illustration de la page précédente, 1-2 et 2-4 (sous la magnifique harpe à bouche ornée d'un papillon) est très particulière : jouées en combinaison, elles battent n'importe quelle autre paire, du moins dans la version des règles dite 牌九 *páijiǔ*.

Quant au jeu de cartes de papier décrit, il correspond à une version d'un jeu imitant le mah-jong. Dans un jeu de cent vingt-huit cartes, les trois « séries » (Cercles, bambous et caractères) sont fréquemment illustrées du portrait de l'un des héros du roman 水浒传 (*Shuǐhǔzhuàn, Au bord de l'eau*). Les personnages de ce roman sont au nombre de cent huit et leur nom ou leur surnom vient d'un corps céleste. Les cartes restantes portent des points, des fleurs ou d'autres dessins. Il faut être quatre pour jouer à ce jeu, dont l'on dit qu'il n'a pas plus de quatre cent ans d'histoire.

Les versions modernes de ce jeu de carte comportent plutôt cent quarante-quatre cartes, comme le jeu de mah-jong en dur.

PRINTEMPS

Les vendeurs de thé aux amandes

Leur cri est : « Thé aux amandes ho !!! »

杏仁兒茶喲！

Xingrénr chá yo !

Ils transportent deux cloches de bois à claire-voie, suspendues aux extrémités d'une perche portée sur l'épaulc, ou palanche. Dans celle de devant se trouve un petit four utilisé pour chauffer l'eau contenue dans un récipient de cuivre. Dans l'autre, ils rangent quelques bols en porcelaine et les piécettes gagnées en vendant son « thé ». Le « thé aux amandes » est en fait une boisson pékinoise traditionnelle à base de farine de riz, à laquelle est ajoutée un peu de sucre et de la poudre d'amandes. Elle est servie très chaude et est très agréable. C'est un des breuvages favoris en période de fêtes (*NdT : elle était aussi bien plus abordable que le thé*).

Les marchands de gâteaux de riz

Ils crient :

« Voilà les gâteaux de riz et les aiwowo ! »

蜂糕來艾窩窩 !

Fēnggāo lái àiwōwō !

Ces marchands sont tous mahométans ; quelle en est la raison ? Personne n'en sait rien, mais il s'agit d'une tradition immuable. Ils portent un plateau de bois suspendu à leur cou par une courroie et vendent deux sortes de gâteaux : le 蜂糕 *fēnggāo*, à base de farine de riz, d'environ trente-cinq centimètres de diamètre et épais de cinq. Il est vendu à la part pour deux pièces de cuivre. Il est rouge ou blanc selon la couleur du sucre utilisé pour la confection. Les 艾窩窩 *àiwōwō* sont également faits à partir de farine de riz mais sont sphériques, à peu près de la taille d'une châtaigne et fourrés d'une pâte sucrée. Ils se mangent froid et sont très appréciés des enfants.

Le nom des fenggao vient du fait que leur texture intérieure ressemble à un nid d'abeille, mais ils ne comportent pas de miel (du moins traditionnellement).

PRINTEMPS

Le lecteur observateur aura remarqué que l'illustration ne correspond pas au texte, qui parle d'un plateau suspendu plutôt que d'une brouette. Aujourd'hui, ces vendeurs de gâteaux de riz issus de la minorité Hui, les Chinois musulmans, ont été remplacés dans les rues de Pékin par des Ouïghours qui vendent une sorte de nougat très riche en arachides et fruits secs. Ils en transportent un gros bloc sur un tricycle à plateau et le découpent à la demande (nombreux sont les enfants – et les parents – qui ont les yeux plus gros que le ventre ; pour les grands-parents, c'est plutôt le dentier qui regrette...).

On trouve toujours cependant des fenggao et des aiwowo dans le commerce.

Les marchands de gâteaux de pâte de pois

Ces colporteurs possèdent une corbeille cylindrique d'environ un pied de haut, piquée de clous de laiton jaune, ce qui lui donne une allure très festive. Le son caractéristique qui signale leur apparition est donné par un petit gong d'une vingtaine de centimètres de diamètre, dont l'épaisseur est supérieure à celle des gongs en métal plus communs.

Leurs gâteaux sont faits à partir d'une pâte épaisse, mélange de pois écrasés et de sucre. À la demande du client, ils peuvent être modelés selon d'infinies variétés, imitant des personnages, des animaux, des fruits et ainsi de suite. Les gâteaux sont creux et, fourrés d'une sucrerie, ils sont encore plus délectables. Inutile de dire que les amateurs sont presque tous des enfants de moins de quinze ans.

Les gâteaux de pâte de pois existent toujours, mais sont désormais fabriqués en moules industriels et ne sont plus sculptés selon les strictes exigences de la juvénile clientèle. C'est bien dommage. L'activité se rapprochant le plus de cet art populaire dont le commentateur ait été témoin, est le modelage sur une plaque chauffante de sucettes géantes en forme de tigre, dragon, panda ou lapin, dans un stand monté pour la fête des Lanternes d'une ville de province, il y a une quinzaine d'années. Succès garanti au Jardin du Luxembourg...

Les vendeurs de trompes en feuilles de roseau

Ils sont parmi les tout premiers colporteurs à réapparaître dans les rues au lendemain de la fête du Printemps, et tout le monde leur fait un excellent accueil car ils sont en quelque sorte le symbole de la fin des froidures hivernales. Ils ne disparaissent qu'au troisième ou quatrième mois. Certains de ces vendeurs sont assez âgés, et parmi ceux-là la plupart sont des femmes. À l'automne, ces vieillards se rendent à l'extérieur de la ville dans les zones marécageuses ou au bord des rivières pour y ramasser les feuilles de roseaux qu'ils roulent ensuite en spirale, pendant l'hiver, pour imiter des trompes. Une épine perce l'ensemble pour éviter que tout ne se dénoue.

Ces instruments sont de taille inégale, allant de sept à quinze centimètres de long. Les vendeurs en placent une dans une petite jarre à vin pour obtenir un son amplifié, très caractéristique, qui leur font une excellente publicité. Bien entendu, le véritable bruit de cette trompe est beaucoup moins fort hors de la jarre, mais comme elle ne coûte que de deux à quatre sous de cuivre, les enfants l'adorent quand même. La marchandise est transportée dans une corbeille décorée par quelques drapeaux en papier dont les vives couleurs attirent les passants.

Il n'y a plus de trompes mais il existe toujours des vieillards qui assemblent, à partir de quelques feuilles de roseaux, d'extraordinaires imitations de criquets, cigales ou libellules...

Les vendeurs de boulettes de riz glutineux

浸透了化透了，江米元宵！

Jìntòule huàtòule, jiāngmǐ yuánxiāo

Ces vendeurs ont un cri particulier difficile à traduire. Une traduction littérale de la première partie du cri n'a aucun sens. Elle pourrait vouloir dire : « (la chaleur) a bien pénétré à travers le produit ! » Je n'ai trouvé aucun vendeur capable d'expliquer exactement ce que cela signifie, mais traduire par « bien cuit » semble suffisant pour cette étude. Quant au reste du cri, il désigne simplement les petites boulettes elles-mêmes *(Ndt :* 江米 jiāngmǐ *ou « riz du fleuve », veut simplement dire en effet « riz glutineux »).*

> *Il semble que l'auteur ait mal compris l'appel que poussent ces vendeurs, qui se transcrit en fait par :* 筋道嘞滑透 *!... soit : jīndào lei huátòu ! On peut supposer que Samuel Constant, au cours de ses pérégrinations pékinoises, ne soit pas toujours tombé sur des individus maîtrisant parfaitement les six à dix mille caractères indispensables au lettré classique, et que les pauvres hères, assaillis de questions par le « long nez » inquisiteur, étaient bien en peine de corriger ses erreurs de compréhension. Mais que cela signifie-t-il ? Le vocable* 筋道 *en dialecte du Nord peut*

avoir pour sens : dur, noueux, coriace ; 滑 *: glisser ;* 透 *: à fond, complètement. Une première approche pourrait donc donner : « Quand c'est durci ça glisse à fond ! »... mais on semble s'éloigner du sujet même si le petit peuple pékinois ne recule pas devant les allusions grivoises. En fait on peut aussi traduire* 筋道 *par « difficile à mastiquer » et l'appel du vendeur par « Mastiquez bien, ça glissera mieux ! » Quiconque a goûté de ces petits délices saura que le conseil est en effet judicieux... Ces boulettes, appelées en chinois* 元宵 *(yuánxiāo) tirent leur nom de la traditionnelle fête appelée* 元宵节 *yuánxiāojié, ou « fête de la première nuit », car elle se tient à la première pleine lune de la nouvelle année, soit le quinzième jour du premier mois. Cette fête est parfois appelée par les étrangers « Fête des Lanternes ». Comme les caractères chinois* 元 *et* 圆 *(qui signifie « rond ») se prononcent de la même façon, les boulettes de riz qui accompagnent cette fête sont toujours de forme sphérique, comme la pleine lune.*

Les vendeurs de yuanxiao portent une palanche ; à l'avant se trouvent un petit four et une sorte de marmite en métal, à l'arrière une cloche à claire-voie qui contient les boulettes de riz préparées. Elles ont à peu près la taille d'une balle de golf. Elles sont cuites dans un bol d'eau bouillante pendant environ une heure. Il faut les déguster quand elles sont bien chaudes, sinon elles se décomposent en bouillie.

Les yuanxiao sont rarement vendus dans la rue aujourd'hui. Les mères de famille qui se respectent savent les préparer pour la maisonnée, et les recettes varient, surtout pour la farce. Une anecdote illustre comment le problème des nombreux homophones en chinois peut compliquer considérablement la vie des petites gens : après la chute des Qing en 1911, le pouvoir a été récupéré rapidement par une vieille baderne réactionnaire, le maréchal Yuan Shikai (en effigie ci-dessous). Or les cris des vendeurs de yuanxiao pouvaient être interprétés comme « 袁消 », prononcé de la même façon, mais qui signifie « Mort à Yuan ! ». On comprend que devant la réprobation virulente des nouvelles autorités qui perpétuaient ainsi la tradition impériale des noms tabous, nombre de colporteurs aient préféré éviter les rimes faciles !

Les marchands de jouets

En chinois ces marchands sont appelés 打糖锣儿的 *dǎ táng luór de*, ou « joueurs de gong à bonbons ». Ils tiennent d'une main un court bâton dont ils frappent un gong d'une quinzaine de centimètres de diamètre, annonçant ainsi son arrivée aux enfants.

Leur nom ne décrit pas leurs produits de façon exacte, puisqu'ils vendent en fait très peu de bonbons. Leurs confiseries, appelées « bonbons au ginseng », sont longues d'environ sept centimètres et demi et un peu plus épaisses qu'un crayon à papier. On serait d'ailleurs bien en peine de trouver du ginseng authentique dans ces friandises qui sont faites de sucre additionné de craie. Ils proposent également des petits bonbons en forme de goutte appelées « breloques en sucre », 糖坠儿 *táng zhuìr*.

Outre la vente de ces quelques bonbons, leur activité principale consiste à vendre des jouets. C'est leur vrai métier et leurs jouets sont très variés. Ils sont faits de papier, de déchets de bois, de carton ou d'étain ; il y a des figurines en argile, des charrettes en papier, des billes de verre, des petits cerfs-volants, des épées en carton ou en bois, des fusils de bois, des masques et des postiches... Tous ces jouets se vendent pour une somme dérisoire, équivalente à deux ou trois *cents* américains.

La plupart des « joueurs de gong à bonbons » ont une hotte en papier collé avec plusieurs rayons sur lesquelles sont exposées leurs marchandises. Certains portent en plus un panier en bandoulière. D'autres utilisent deux boîtes en bois ; dans ce cas ils les transportent à l'aide d'une palanche.

Les vendeurs de modèles de broderie

花樣兒來，揀樣兒挑！

Ils ont pour cri d'appel : *huāyàngr lái, jiǎn yàngr tiāo* ! Soit :

« Voilà les modèèèèèles! Choisissez vos modèles ! »

Ces colporteurs ont du travail toute l'année, mais c'est encore plus le cas au moment des fêtes du Nouvel An. Leurs patrons en papier répondent à tous les besoins des travaux de broderie ou de couture. Les habits, la lingerie ou les pantoufles portées par les femmes chinoises arborent tous de la broderie. Mais la plupart des gens, et surtout les Pékinoises, n'étant pas très doués pour le dessin, les concepteurs de modèles (en grande majorité des femmes) bénéficient d'une grande notoriété.

Sur du papier rouge ou blanc très fin, elles dessinent les délicats modèles, puis en découpent les contours avec un petit scalpel très aiguisé, en superposant quatre feuilles de papier. Chaque dessin donne ainsi naissance à quatre patrons en papier dont beaucoup seront expédiés de Pékin partout en Chine. Les vendeurs rangent leurs modèles dans un coffre dont le dessus est en verre. Ils le portent en bandoulière à l'aide d'une courroie passée sur l'épaule.

Les modèles ordinaires sont faits en papier blanc, tandis que ceux en papier rouge, placés sous un bol, serviront de décoration pour les mariages, les anniversaires ou d'autres occasions de réjouissance. Ainsi, les patrons en papier, d'abord conçus pour la broderie, tiennent également le rôle qu'ont les napperons en Occident.

Les marchands de tissus

Le marchand de tissus a un petit tambourin d'environ sept centimètres de diamètre, fixé à une poignée d'une trentaine de centimètres. Sur les côtés du tambourin pendent deux courtes cordes qui retiennent chacune une petite boule de cuir. En remuant la poignée tenue à la verticale, ils agitent les boules de cuir qui viennent frapper en alternance les deux faces du tambourin. C'est bien parce qu'ils produisent leur son d'appel de cette façon et non pas en frappant le tambourin de leurs doigts qu'on les appelle en chinois « agitateurs de tambourins » 摇鼓儿的 *yáo gŭr de*.

La plupart d'entre eux poussent une petite charrette à deux roues chargée de toutes sortes d'étoffes qui peuvent servir aussi bien pour les sous-vêtements féminins que pour les habits d'enfants portés à la maison. Leurs tissus sont plutôt de bas de gamme, comme les tissus fleuris des habits d'enfant ou les tissus bleus ou blancs appelés « tissus de coolie ». D'autres n'ont pas de charrette et transportent leur paquet d'étoffes sur le dos. Ceux-ci se limitent généralement aux « tissus de coolie ». Leurs produits sont le plus souvent importés, surtout du Royaume-Uni ou du Japon, parfois aussi d'Allemagne dont les tissus bleus sont très célèbres. Ils se fournissent dans les grands magasins qui leur soldent au poids leurs chutes de tissus ou leur invendus, qu'ils écoulent ensuite au détail (par pied de longueur de tissu) avec un petit profit.

Le type de tambourins utilisés par ces colporteurs est aujourd'hui, et était peut être déjà à l'époque, l'un des jouets favoris des enfants chinois qui s'en servent de hochets pour les plus petits ou d'instrument de torture auditive pour leurs aînés : manié avec dextérité, un tel instrument peut imiter assez fidèlement le bruit d'une Kalashnikov (ou de sa tristement célèbre copie chinoise, le fusil-mitrailleur 'Type 56') ou de l'un de ces chapelets de pétards qui sont aussi l'un des incontournables du Nouvel An.

Les vendeurs d'articles de mercerie

Le diamètre du tambourin utilisé par les merciers ambulants est de taille intermédiaire entre les modèles précédents, soit d'environ quinze centimètres. Mais au dessus du tambourin se trouve aussi un petit gong, relié à un cadre de bois, sur lequel sont là encore attachées les petites boules à l'aide de ficelles. Tambourin et gong résonnent donc en même temps quand le vendeur agite son instrument de la main droite, instrument vers le bas. À l'épaule gauche le mercier porte en bandoulière un coffre dont les dimensions sont d'à peu près quatre-vingt dix centimètres de hauteur pour soixante centimètres de largeur et autant de profondeur.

Dans le coffre se trouvent plusieurs petites étagères sur lesquelles sont disposés ses produits, qui ne relèvent pas tous de la mercerie mais peuvent être aussi des cosmétiques : peignes et huile pour les cheveux, brosses à dents, râpes à langue, poudres pour le visage, petits ciseaux et dés à coudre, ainsi que quelques bobines de fil à coudre.

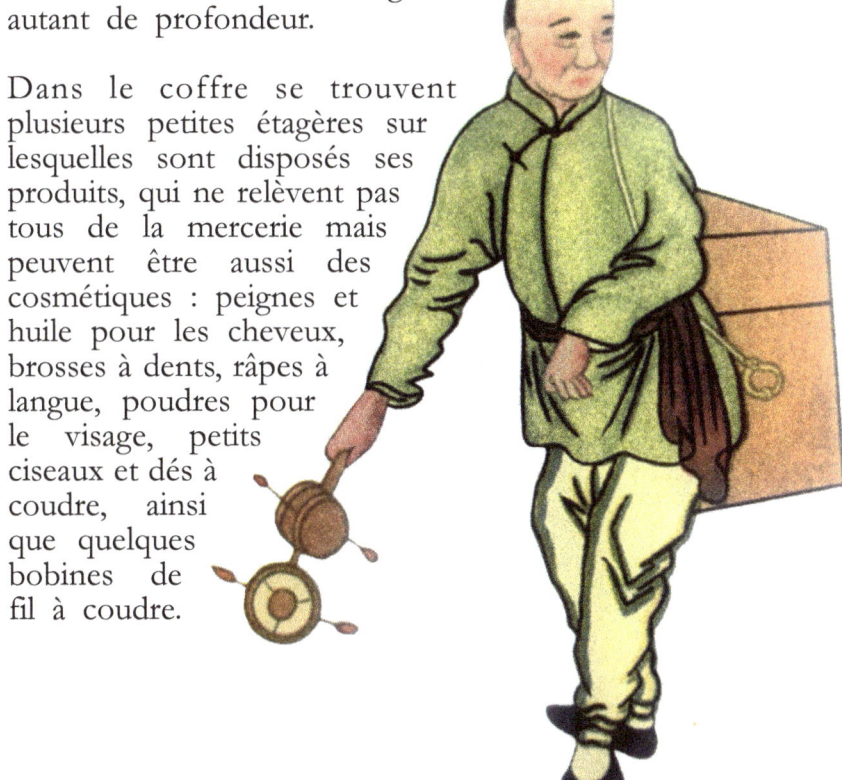

Les dés à coudre sont particuliers. ils consistent en fait en de petits anneaux de bronze, semblables à des bagues avec de minuscules indentations servant à coincer la tête de l'aiguille. Leur usage serait compliqué pour les Occidentales, habituées aux dés à coudre recouvrant entièrement l'extrémité du doigt.

La « râpe à langue » mérite sans doute elle aussi des explications. Plus communément appelée de nos jours « brosse à langue » (舌刷子 shé shuāzi), elle sert à nettoyer l'enduit qui recouvre la langue après les repas. Son usage apparemment hygiénique est en fait susceptible d'avoir des effets néfastes sur la digestion. Elles pouvaient être très simples, ou, comme les dés à coudre, devenir de véritables objets d'artisanat (comme celle ci-dessous).

Les vendeurs de galons

Ils vendent des galons, c'est à dire des bandes de dentelles qui se cousent sur les rebords des tuniques des femmes. Il en existe de très nombreuses variétés, dont des ordinaires et d'autres qui sont brodées. La plupart sont produites en Angleterre et en France, mais certaines sont fabriquées localement. Ils transportent sur leur dos un grand paquet composé d'innombrables boîtes en papier fort contenant les galons. Les boîtes sont empilées les unes sur les autres puis le tout est enveloppé d'un grand tissu bleu épais. Leur bruit particulier vient d'un tambourin de plus grande taille que les précédents, d'environ vingt-cinq centimètres de diamètre, doté d'une poignée, et dont le son très profond s'entend de loin ; ils sont d'ordinaire pour cette raison appelés les « agitateurs de grand tambourin » : 搖大鼓的 *yáo dàgǔ de*.

Les vendeurs de fils

Leur instrument est un petit gong d'environ sept centimètres et demi de diamètre, fixé par trois ou quatre ficelles à l'intérieur d'un cadre de métal circulaire muni d'une poignée. Des doigts de la main droite, ils font tourner la poignée, ce qui produit un son selon le même principe que pour les tambourins, d'où leur nom chinois, « agitateurs de sonnette » 摇铃儿的 *yáo língr de*.

Jadis ils transportaient leur marchandise dans une malle mais aujourd'hui la plupart disposent d'une charrette à bras ce qui leur permet d'avoir deux coffres de bois. Ils vendent des fils à coudre de différentes qualités, en chanvre, soie ou coton, ainsi que du fil à broder. Ils fournissent aussi les aiguilles de toutes tailles qui vont avec le fil, et parfois des boutons. Curieusement ils proposent aussi parfois un petit assortiment de poudres pour le visage.

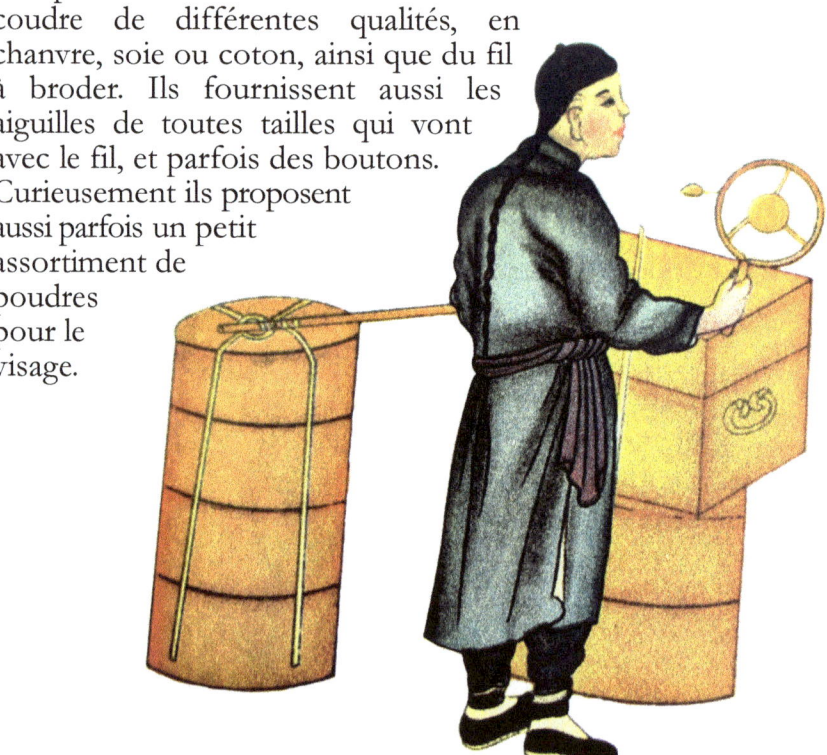

Les vendeurs de beignets ou « diables frits »

Ces colporteurs se fournissent dans les petites boutiques spécialisées dans la confection de ces gâteaux frits et les écoulent ensuite de porte en porte. Le processus de fabrication du « diable frit » (油炸鬼 *yóuzháguǐ*) comprend les étapes suivantes : ajouter un peu de bicarbonate de soude et d'alun *(NdT : qui servent de levure chimique)* à la farine, puis rouler la pâte en forme de boudin, pétrir en spirale et enfin faire frire dans l'huile de sésame. Ils vendent aussi une sorte de galette, de la même famille que les beignets mais de forme ronde et parsemées de graines de sésame : les 烧饼 *shāobing*.

Leur cri d'appel est :

« Galettes et diables frits ! »

Shāobing yóuzháguǐ !

燒餅油炸鬼！

Les pâtissiers qui confectionnent ces beignets dans les boutiques fredonnent souvent la comptine suivante :

油又香面又白，
扔到锅里漂起来，
赛过小船的油炸鬼来。

« Huile odorante et farine blanche,
Jette le dans la marmite, il remonte faire la planche,
Plus rapide qu'un bateau — voilà le diable frit ! »

Ces beignets et galettes sont toujours très populaires à Pékin comme dans le reste de la Chine. Si les galettes aux graines de sésame ne semblent pas avoir notablement évolué par rapport à la description qu'en fait Samuel Constant, les beignets frits ont en revanche perdu leur forme circulaire et sont désormais en forme de bâtonnets, sous le nom générique de 油条 yóutiáo. *Dans le nord de la Chine ils sont également connus sous le nom de* 果子 guǒzi, *tandis que l'appellation de « diable frit » n'est, aujourd'hui, apparemment plus utilisée qu'en cantonais. On n'entend donc plus la comptine chantée sur fond de grésillement de la marmite d'huile de sésame dans les rues de Pékin...*

Les devins
& diseurs de bonne aventure

Il existe deux sortes de devins qui errent dans les rues de Pékin : les aveugles et ceux qui ont toujours leur vue. Les premiers sont les plus nombreux. Comme les autres marchands ambulants, ils vont de porte en porte au gré des hutongs, sauf qu'ils ne proposent pas des marchandises mais des prédictions. Ils ne doivent pas être confondus avec leurs homologues qui disposent d'une échoppe dans les bazars ou au long des rues.

Les devins clairvoyants annoncent leur présence en frappant une planchette en bambou avec un petit bâtonnet. La planchette fait quinze centimètres de long sur cinq de large et un seul d'épaisseur. Elle est tenue dans la main gauche ; le devin frappe deux coups avec son bâtonnet sur le haut de la planchette, ce qui la fait glisser dans la paume de la main gauche. Puis il la remonte et recommence. Le son émis par la planchette est étonnamment pur et on l'entend de très loin. Cet instrument porte le nom de 报君知 *bàojūnzhī* ce qui signifie à peu près « annonce au gentilhomme ». Le devin qui s'en sert est communément appelé « le batteur de planchette ».

L'auteur a-t-il commis une petite erreur dans ce chapitre sur les diseurs de bonne fortune ? Selon certaines sources, l'instrument appelé 报君知 *semble en effet avoir été surtout, sinon exclusivement, l'apanage des devins aveugles. Il pouvait s'agir d'une planchette de bambou, de fer ou d'un petit gong de cuivre. L'onomatopée qui rend ce son est en caractères traditionnels* 噹噹 dāngdāng.

L'origine de ces planchettes est très lointaine. Elles étaient déjà en usage à l'époque de Confucius, aux alentours de -500 avant le Christ. L'apparition des devins est également très ancienne ; bien qu'il soit difficile de fixer une date exacte pour les débuts des devins clairvoyants, un devin physiognomoniste est répertorié dans les annales du Royaume de Wu, sous le surnom de *Maître de Guigu* (une ville du Jiangsu). Ce maître avait deux disciples nommés 孙膑 Sun Bin et 庞涓 Pang Juan. Un jour les deux disciples vinrent trouver leur maître pour qu'il leur prédise leur avenir. Il leur déclara que l'un d'entre eux occuperait un jour une position très éminente, mais ne mourrait pas de mort naturelle. L'autre serait également célèbre, mais perdrait quelque chose qu'il portait sur son corps. De plus, les deux amis se créeraient mutuellement des ennuis. Quelques années plus tard, les deux étudiants avaient en effet tout deux acquis une grande notoriété. Pang Juan devint un haut fonctionnaire du royaume de Wei, mais était dévoré de jalousie envers Sun Bin et le fit condamner au supplice du 刖 *yuè*, qui consiste en l'amputation des deux pieds. Sun Bin dut trouver asile au royaume de Qi, ennemi de Wei. Pendant un conflit entre Qi et Wei, Sun Bin dirigea les armées de Qi et infligea aux troupes de Wei une sévère défaite au cours de laquelle Pang Juan, généralissime de Wei, trouva la mort. La prédiction du Maître de Guigu s'était réalisée et il rentra dans l'Histoire comme extralucide à succès.

Ce Sun Bin, bien que lui aussi grand général et auteur d'un ouvrage intitulé l'Art de la Guerre, *ne doit pas être confondu avec un autre Sun, prénommé* 武 *Wu, et universellement célèbre sous l'appellation de Maître Sun (Sun Zi). Comme l'ouvrage de Sun Bin était perdu, certains historiens ont cru que les deux hommes étaient la même personne. Mais* l'Art de la Guerre *de*

Sun Bin fut retrouvé dans des fouilles archéologiques en 1972 et était bien différent de celui de Sun Wu, qui avait vécu un siècle avant. Par ailleurs, les sources textuelles affirment en général que Sun Bin n'avait pas été victime du supplice de l'amputation des pieds, mais qu'on lui avait retiré les rotules. Ce qui fait croire que le prénom « Bin », dont le sens est justement « rotule », n'était pas son véritable prénom d'origine. C'est probablement vrai aussi pour Sunzi, dont le prénom « Wu » signifie « martial, guerrier ». Un peu trop beau pour être vrai... La filiation entre les deux hommes (Bin étant le descendant de Wu) n'est pas non plus prouvée. Mais tout cela nous éloigne de notre sujet : les devins.

Les devins non aveugles, tous très vifs d'esprit, se divisent encore en deux catégories. Les premiers n'utilisent aucun accessoire ; ils se contentent de fixer leur client en lui posant des questions sur l'année, le mois, le jour et l'heure de naissance.

Il s'agit du système des « huit caractères » (八字 bāzì). Ceux-ci correspondent à la date et l'heure de la naissance et permettent la divination par une méthode relevant de l'astrologie et de la numérologie chinoises ; cette méthode sert surtout à déterminer si deux jeunes gens sont bien faits l'un pour l'autre avant d'accorder la main de la future mariée. Elle nécessite effectivement de faire appel à un spécialiste.

La seconde catégorie de devins clairvoyants transporte dans une cage une petite tortue jouant le rôle d'auxiliaire. Avant de procéder, le devin dispose devant la porte de la cage plusieurs cartes portant les figures symboliques du zodiaque chinois. La tortue libérée va choisir de son bec trois ou quatre cartes et le devin élabore ses prédictions à partir de celles-ci.

Les devins aveugles sont quant à eux rassemblés en guildes. Certains vivent même au siège de ces associations, qui se distinguent par l'instrument de musique utilisé par leurs membres : le tambour, la viole à trois cordes, la flûte ou le 镗镗儿 *tāngtāngr*, c'est à dire une sorte de gong frappé avec un maillet. En plus de la divination ils pratiquent aussi fréquemment le chant, soit comme à-côté soit parfois comme source de revenus principale. Ces devins utilisent la méthode des « Huit Trigrammes », une méthode très longue et complexe, transmise de bouche à oreille. Or les aveugles ne pouvant compter que sur leur mémoire, ceci illustre bien l'extraordinaire développement de cette faculté chez les Chinois.

*Ci dessus, le diagramme des Huit Trigrammes (*八卦 *bāguà), utilisé par les devins aveugles. La profession de devin, aveugle ou non, renaît depuis quelques années de ses cendres en Chine populaire : dans certaines rues on peut se faire dire la bonne fortune à même le trottoir, sur un bout de papier reproduisant les huit trigrammes répartis autour du symbole du Taiji, le Faîte Suprême. Au client d'apprécier le degré de professionnalisme ou de charlatanisme de tels « devins »...*

Ce mode de divination des devins de rue ne doit pas être confondu avec un autre mode, certes de même origine, qui est celui basé sur le 易经 *Yijing, c'est-à-dire le* Classique des Mutations *qui est le plus ancien manuel de divination chinoise. La divination par le Yijing, utilisant les soixante-quatre hexagrammes dérivés des huit trigrammes, a gardé au cours des siècles un immense prestige, comme tout ce qui fait référence aux grands classiques. Elle n'exigeait pas de connaissances ésotériques particulières et pouvait être pratiquée sans honte par les lettrés confucéens.*

Les fleuristes

Les fleuristes font leur apparition dans les rues de Pékin au printemps et c'est à cette saison qu'ils réalisent l'essentiel de leur chiffre d'affaires, bien qu'ils continuent à vendre des fleurs en moins grand nombre tout au long de l'année. Ils n'ont ni cri spécifique, ni instrument et se contentent d'annoncer à la cantonade les espèces de fleurs qu'ils ont en vente.

Ils disposent tous d'une palanche avec deux corbeilles de fleurs et de plantes. Certaines fleurs sont présentées dans de petits vases d'argile, d'autres ont leurs racines entourées d'une petite motte de terre humide. Quand un client achète des fleurs, il doit en préciser de la façon la plus exacte le nombre désiré, sinon le fleuriste s'efforcera d'en planter le plus grand nombre possible dans son bloc de terre pour écouler rapidement sa marchandise.

ÉTÉ

ÉTÉ

Les vendeurs de papillotes *zongzi*

Ils s'annoncent ainsi : *jiāngmǐ de zòngzi wèi !*

江米的粽子喂！

« Papillotes de riz glutineux, hé! »

La traduction du nom de ces marchands ne permet pas de les décrire ni de comprendre ce qu'ils vendent. Ils apparaissent entre le premier et le cinquième jour du cinquième mois du calendrier traditionnel. Ils sortent des grandes pâtisseries, une palanche à l'épaule, portant à l'avant une grande corbeille à étages en bois de saule, à l'arrière une corbeille, d'un plateau en bois ou d'une charrette à bras.

Ces papillotes, en chinois 粽子 *zòngzi*, sont des gâteaux composés de farine de riz, fourrés de pâte de jujube ou d'autres fruits et d'un peu de viande salée. Un petit paté de riz glutineux est modelé en forme pyramidale et on y creuse un petit trou. Dans le trou est placé la farce, puis le tout est enveloppé d'une feuille de roseau (on utilise des feuilles de bambou dans le Sud) et l'on fait tenir le tout avec une fine cordelette. Les papillotes sont ainsi cuites dans une grande marmite pendant environ une heure, après quoi on les en retire et elles sont mises à refroidir.

L'origine de ce mets délicieux est liée à Qu Yuan, grand dignitaire du royaume antique de Chu (qui correspond au nord du Hubei actuel). Qu Yuan jouissait d'un grand prestige mais avait fini par être chassé de la cour par les manoeuvres de ministres félons. Plus tard, il rédigea le 离骚 Lisao, un long poème conçu comme une admonestation adressée au Roi de Chu. Mais cette exhortation ne rencontra que mépris de la part du Roi, et en conséquence Chu fut envahi par les armées du royaume de Qin. Comme Qu Yuan refusait de vivre sous le joug de Qin, il se suicida en se jetant dans la rivière Miluo en tenant une grosse pierre dans ses bras, après avoir rédigé un autre, et ultime, poème. La date aujourd'hui communément admise pour la mort de Qu Yuan, l'un des plus grands poètes chinois, est de - 278 avant l'ère chrétienne. Plus tard, en souvenir de Qu Yuan et en hommage à son patriotisme, les habitants de Chu se mirent à jeter de la nourriture à l'endroit où il s'était noyé. Cette habitude évolua peu à peu vers la fête traditionnelle des bateaux-dragons, au cinquième jour du cinquième mois.

Les zongzi sont aujourd'hui plus fréquemment enveloppés de feuilles de bambou que de feuilles de roseau ; la variété est la règle quant à la composition de la farce, mais ceux qui conservent le contraste sucré-salé sont les plus savoureux aux yeux du traducteur.

**L'austère figure de Qu Yuan,
poète & patriote.**

La référence dans le texte à la Chine du Sud est due au fait que la forme pyramidale était plus répandue dans cette région, alors que les zongzi pékinois adoptaient un aspect plutôt cylindrique (et étaient donc probablement plus faciles à confectionner). Cette distinction est largement effacée de nos jours. La fête des bateaux-dragons, qui connait une renommée mondiale car elle est avec le Nouvel-An chinois et la fête des lanternes la plus colorée et la plus animée des fêtes traditionnelles, a cependant, en gagnant en popularité, perdu de sa signification traditionnelle : combien, parmi les compétiteurs de toutes races qui s'essayent aujourd'hui, partout dans le monde où se trouve une diaspora chinois significative, à la course en bateau-dragon, connaissent Qu Yuan, l'ont lu, ou mieux encore sont comme lui soucieux du futur de leur patrie ? Nul doute que le poète patriote, devant ce spectacle, aurait rédigé encore un poème...

Les vendeurs de *guoziganr* (fruits & noix)

Ces colporteurs ont pour cri d'appel :

果子乾兒來玫瑰棗兒喂！

Guǒzigānr lái, méiguī zǎor wèi !

« Voilà les pâtes de fruits et les jujubes à la rose héééé ! »

Ils utilisent soit une brouette, soit une palanche pour transporter leur marchandise. Ils ne se contentent pas de crier mais produisent aussi un son caractéristique grâce à deux petits bols de bronze emboîtés l'un dans l'autre, tenus dans la main et entrechoqués pour émettre un son très clair, semblable à celui d'une sonnette. Selon la saison, ils vendent des catégories différentes de fruits séchés ou confits, de graines et de noix et de boissons froides.

Aux temps froids, ceci peut comprendre :

1 - 玫瑰枣儿 *méiguī zǎor* : *jujubes à la rose* ; ce sont des jujubes fourrées avec une pâte de sucre et de feuille de rose.
2 - 山里红汤 *shānlǐhóng tāng* : *soupe à l'azerole* ; une boisson concoctée à partir de l'azerole, un petit fruit rouge ressemblant à une sorte de minuscule pomme sauvage *(NdT : il s'agit d'une variété comestible de l'aubépine)*.

3 - 糖葫芦儿 *tánghúlur* : des brochettes de fruits, qui peuvent être des azeroles, des tranches de pommes, d'abricots ou de pêche recouverts d'une couche de glaçure au caramel.
4 - 干果子 *gān guǒzi* : des graines de melons et de fruits séchées.
5 - 蜜饯 *mìjiàn* : des fruits confits dans un sirop de sucre.

**Les azeroles, ingrédient de base
de la soupe à l'azerole et du tanghulur**

En revanche, quand les jours se réchauffent, ce sera plutôt :

1 - 果子干儿 *guǒzi gānr* : des pâtes de fruits, confectionnées à partir d'une compote de kakis, d'abricots et de rondelles de racine de lotus.
2 - 酸梅汤 *suān méitāng* : une infusion de prunus (des petites prunes aigre-douces), servie fraiche, additionnée de sucre et de fleurs d'osmanthe. Cette infusion doit d'abord être amenée à ébullition puis refroidie en enveloppant le récipient dans la glace.
3 - et enfin les mêmes graines, fruits secs et fruits confits qu'à la période des frimas.

> *Il faut bien admettre que de toutes les friandises citées ci-dessus, les tanghulur sont restés les plus populaires. Leur arrivée est, pour les Pékinois, l'une des principales joies de l'hiver (la glaçure ne supportant pas les températures élevées). D'ailleurs ces brochettes de fruits caramélisés absolument délectables ne se limitent pas aux fruits cités, et, à part les azeroles, les plus populaires aujourd'hui sont les tanghulur de mandarines ou mieux encore, de fraises, dont chacun sait qu'elles sont particulièrement délicieuses autour de Pékin. Ceci console de bien des déceptions dans le domaine fruitier, car les pommes, poires et oranges que l'on trouve dans la capitale sont remarquablement insipides pour un palais*

occidental. C'est d'autant plus étonnant (pour les pommes en tout cas) que la province du Shanxi pas très éloignée s'enorgueillit de pommes qui, ce traducteur peut en témoigner, sont (parmi) les meilleures au monde. Celles-ci peuvent d'ailleurs également être montées entières sur un bâtonnet et caramélisées, et vendues le long des rues et des routes ou dans les petites gares routières de campagne...

Les petits bols utilisés par ces colporteurs sont appelés « les bols de glace », car le bruit qu'ils font rappelle le son de la glace qui se brise. L'origine de ces ustensiles remonte à l'empereur Zhu Yuanzhang, fondateur de la dynastie Ming. Ses soldats mangeaient tous dans des bols de fer ; quand l'armée était en mouvement, les soldats de l'intendance avancée montait une cuisine de fortune et cognaient deux bols l'un contre l'autre pour prévenir les soldats qu'ils pouvaient venir s'y ravitailler et se désaltérer.

Depuis cette époque, le son produit par les bols signale aux clients potentiels que les boissons froides sont mises en vente.

« Les bols de glace » maniés par un expert.

Une autre légende remontant à avant l'accession au trône de Zhu Yuanzhang est liée à un symbole utilisé parfois par ces marchands de rue. Certains d'entre eux montent des abris dans les rues de Pékin, d'où ils proposent leurs marchandises aux passants. Ils stockent l'infusion de prunus dans un récipient sur lequel on voit un bandeau de métal en forme de croissant de lune. Le futur empereur, alors qu'il n'était encore qu'un moine bouddhiste, possédait comme tous ses congénères une « bêche-lune », c'est-à-dire un bâton d'environ un mètre et demi de long, doté à une extrémité d'une lame en forme de croissant et à l'autre d'une sorte de pelle, qui pouvait servir aussi bien d'arme de défense que de palanche ou d'outil agricole et était donc très utile aux moines vivant en milieu rural. Comme il donnait souvent de cette boisson à boire à ses troupes, l'infusion de prunus est ainsi restée étroitement associée à l'image du croissant de lune qui venait de sa carrière de moine. Une autre chose dont certaines personnes sont également persuadées, c'est que le croissant de lune signifie que les marchands qui l'arborent sont des Hui Hui, c'est à dire des musulmans, et que pour cette raison leurs produits sont d'excellente qualité.

> *Huihui est un terme ancien désignant soit les membres de l'ethnie Hui, soit la religion musulmane et les musulmans en général. L'association du croissant de lune des marchands d'infusion de prune, soit au bouddhisme, soit à l'islam, tend à relativiser la véracité historique de la description de ses origines...*

La « bêche-lune » ou 月牙铲 yuè yáchǎn *est associée dans l'imagerie populaire chinoise à ces moines errants, volontiers bon-vivants et querelleurs, dont l'archétype est le ventripotent* 鲁智深*, Lu Zhishen ou « Profonde Sapience », héros du roman* Au bord de l'eau*, ou bien encore* 沙僧 *le « Moine des sables », l'un des compagnons du Roi des Singes au cours du* Voyage vers l'Ouest.

Chaque année en hiver, ces colporteurs arpentent les ruelles, couverts d'un grand pardessus ouaté dans les poches duquel ils peuvent dissimuler un autre ustensile servant à des paris. Il s'agit d'un récipient en bambou, du type de ceux utilisés dans les temples pour tirer au sort les fiches qui permettent de prédire l'avenir. Ce récipient n'est rien de plus qu'un tube de bambou fermé à une extrémité, d'environ cinq centimètres de diamètre pour vingt-deux de long, dont le fond est garni d'une pièce de cuir ou de mèches de crins de cheval. Le récipient contient trente-deux bâtonnets ; sur chacun de ces bâtonnets est peint à l'encre un nombre variable de points, comme pour les dominos des vendeurs de guimbarde. Quand le colporteur agite le bambou, les bâtonnets frappent le cuir et produisent un son particulier qui attirera le chaland. Si un policier en patrouille traîne dans le coin, il remplacera le cuir par le crin de cheval pour atténuer le bruit. Il existe plusieurs façons de jouer et parier avec ces bâtonnets, dont je ne présenterai qu'une seule ici. Le client doit miser cinq pièces en cuivre de deux sous ; puis il doit décider s'il joue « à moitié » ou « à fond ». S'il choisit de jouer « à moitié », il doit tirer quatre fois trois bâtonnets puis une fois quatre, soit seize bâtonnets en tout. À chaque tirage, s'il obtient une paire il faut compter le nombre total de points : si ce total est supérieur à dix, le client gagne un tanghulur. Il peut donc gagner au maximum cinq tanghulur, d'une valeur totale de quinze sous. Mais il est très rare d'obtenir cinq paires de suite, et si l'on tient compte de la mise initiale le vendeur est presque toujours gagnant au final. Bien que les paris se fassent aussi parfois sur les autres produits vendus, c'est bien aux tanghulur que l'on associe cette tradition du pari. Les enfants adorent ce jeu et l'apprennent très tôt, recevant ainsi une initiation précoce à l'art du jeu qui est partie intégrante de la vie chinoise. Tout en Chine est question de destin et ce petit jeu avec les bâtonnets dans un récipient de bambou est typique de toute la perception qu'ont les Chinois de la vie.

**Le vendeur de tanghulur
& son récipient de bambou utilisé pour les paris.**

À la connaissance du traducteur la tradition du pari liée aux tanghulur, évoquée par l'auteur, a entièrement disparue, tandis que les tanghulur sont eux toujours là...

Les barbiers

Le barbier transporte toute sa boutique avec lui sur une palanche ; d'un côté on y trouve un tabouret, de l'autre un support cylindrique avec une bassine, un récipient d'eau et un petit poêle à charbon. Au support est également fixé un mât en bois, au sommet duquel se trouve un élément en forme de bol ou de tasse. Ce petit mât est en fait un modèle miniature des hampes portant les drapeaux à l'entrée de certains 衙門 *yámen*, les enceintes administratives de l'ancien gouvernement des Mandchous. L'élément en forme de bol est semblable à un boisseau ou 斗 *dǒu*, le récipient servant à mesurer le volume de grain.

Le mât surmonté du boisseau pouvait se trouver des deux côtés des portes des résidences et des bureaux des hauts fonctionnaires de l'ancien régime et signifiait que l'occupant avait droit de communication directe avec l'Empereur ; il symbolisait donc le pouvoir exécutif. Le concept du *dŏu* est lié au 北斗 *běidŏu* ou « Boisseau du Nord », c'est à dire la constellation de la Grande Ourse. Celle-ci représente la rectitude car elle se déplace toujours de façon très régulière, et est pour cette raison vénérée par le peuple chinois. L'usage du *dŏu* avait donc pour fonction de rappeler à la populace que les mandarins ne pouvaient se tromper dans leurs paroles et leurs actions.

> *Une autre interprétation préférée de ladite populace chinoise est que le boisseau, inversement, devait rappeler aux fonctionnaires et aux magistrats que leurs paroles et leurs actions ne devaient pas errer hors de la voie morale.*

Mais ceci n'explique pas pourquoi les barbiers utilisent ce symbole pour leur commerce. Il y a là une histoire très intéressante. Avant et pendant la dynastie Ming, les gens se laissaient tous pousser les cheveux comme les prêtres taoïstes d'aujourd'hui et ne se rasaient pas non plus le visage. Après que les Mandchous eurent franchi la grande Muraille à la Passe de la Montagne et de la Mer et envahi la Chine, ils voulurent persuader les Chinois de suivre certaines coutumes mandchoues. Les Mandchous comme les Mongols avaient depuis des siècles pour tradition de se raser et de ne conserver qu'une natte sur l'arrière du crâne. Le fondateur de la dynastie Qing voulut s'en inspirer pour assurer la prospérité de l'Empire ; d'où la formule qui lui est attribuée : « conquérir toutes les contrées avoisinantes, se dresser au centre ». Après la conquête, il souhaita que l'ensemble du peuple chinois adopte la natte comme symbole de l'unification du pays et de soumission à la discipline mandchoue. Mais de nombreux Chinois s'y opposèrent, ce qui créa des problèmes pour le pouvoir. Un édit impérial fut finalement proclamé, imposant à tous le rasage et le port de la natte sur l'ensemble du territoire, tous les coiffeurs et barbiers furent réquisitionnés et durent arborer un mât miniature portant une copie de l'édit.

Quand ils parcouraient les rues et les venelles, les gens étaient forcés de s'agenouiller devant l'édit et de se laisser raser la tête. Comme les barbiers recevaient leur rémunération directement de l'administration ils ne percevaient pas de paiement pour chaque coupe, à part un petit pourboire. Par la suite, la rémunération directe fut supprimée et ils perdirent leurs revenus. À présent, une échelle fixe de prix pour les services de barbiers est en vigueur à Pékin et parfois aussi dans d'autres villes. Depuis 1910, de petites échoppes de barbiers construites avec des nattes *(NdT : jeu de mots certes plus ou moins heureux, mais qui n'est dû qu'à la traduction française des deux mots anglais* queue *et* mat *par le même mot français, natte)* sont apparues petit à petit et ont été par la suite remplacées par de véritables salons de coiffure plus modernes. Cependant les barbiers de rue sont toujours les favoris de la population. Aujourd'hui encore, les mâts surmontés d'un boisseau sont présents comme jadis mais n'arborent plus aucun édit impérial.

Les barbiers ont un son caractéristique très particulier, similaire à celui d'un diapason, produit par un instrument qui y ressemble beaucoup : le 唤头 *huàntou* (appel/tête) : il s'agit d'une fourche de métal montée sur une courte poignée en bois dont les deux extrémités sont très rapprochées. Avec l'annulaire et l'auriculaire de la main gauche, le barbier enserre la poignée, tandis que les trois autres doigts forment une coupe, afin d'amplifier comme dans une petite chambre d'écho le son produit en frappant la fourche rapidement avec une petite baguette de métal tenue dans l'autre main. Ce son peut porter très loin et prévenir de l'arrivée du barbier. *Huantou* est en fait l'abréviation de l'expression qui signifie « appel des gens à venir se faire raser la tête ».

Un modèle de huantou

L'instrument lui-même a des origines floues. Certains disent qu'il dérive d'un type de couteau anciennement utilisé par les barbiers, d'autres privilégient l'hypothèse d'une pince à épiler, qui serait plus en accord avec son apparence. Au sein de la profession des coiffeurs pékinois, personne ne sait ce qu'il en est vraiment, et je n'ai moi-même entendu aucune explication crédible.

Le mot 唤头 *huantou désigne aussi des instruments du même type parfois utilisé par certaines autres professions de rue. Après la « réforme et ouverture » de la fin des années 1970, les barbiers ont été parmi les premiers à réapparaître dans les ruelles et sur les trottoirs des grandes avenues, ou bien à l'ombre des arbres au bord des rivières, avant de céder comme beaucoup de métiers traditionnels à l'avènement des boutiques « à la mode »... phénomène que décrivait déjà Samuel Constant dans les années 1930 !*

Les pédicures

Les pédicures ont deux petits morceaux de bambou plats, attachés à l'extrémité de deux bâtonnets reliés par un axe. Cet instrument émet une sorte de cliquètement ou de pétarade qui annonce la venue de ce spécialiste des pieds.

Tous les pédicures viennent d'une ville appelée Dingxing, chef-lieu de district situé une soixantaine de kilomètres au sud-ouest de Pékin. Dingxing est célèbre également pour ses garçons de bains. La spécialité de ceux-ci est l'entretien des feux pour maintenir l'eau à la bonne température dans les établissements de bains. Par ailleurs, il est intéressant de noter que les systèmes de chauffage par le sol carrelé, utilisés dans les thermes pékinois, sont aussi fabriqués par des maçons venus de Dingxing qui conservent très précieusement les secrets de leur guilde.

Avant-guerre, ces métiers, auxquels il faut rajouter celui de charbonnier, étaient collectivement surnommés « les trois trésors de Dingxing ». Les données économiques récentes semblent montrer que Dingxing reste connue pour ses établissements de bains dont la renommée remonterait aussi loin que le VIIIe siècle, quand le général rebelle An Lushan visita et apprécia les sources chaudes de la ville (alors nommée 范阳 Fanyang). Peu après, l'empereur Tang Xuanzong fit venir de Fanyang des garçons de bains car ses eunuques étaient incapables de régler correctement ses thermes : peut-être leur manquait-il les extrémités du corps les plus sensibles aux écarts de température...

Les pédicures pékinois ne sont pas tous des anonymes, certains ont même acquis une renommée internationale. Ainsi, il y a quelque temps, un individu nommé Li Yanqing est devenu en 1924 le barbier et pédicure privé du Président du gouvernement de Peiping, Cao Kun. À cette époque, les commandants militaires de Peiping, Wu Peifu et Feng Yuxiang, étaient en guerre contre le seigneur de la guerre du Nord-est, Zhang Zuolin. Cao Kun avait réservé une forte somme d'argent pour Feng Yuxiang, mais Li Yanqing qui avait été promu de barbier à homme de confiance la garda par devers lui. Feng, n'ayant reçu l'argent ni pour les soldes ni pour les vivres de ses troupes, se retourna contre son camp pour encercler Peiping. Il exécuta d'abord Li Yanqing, puis battit Wu Peifu et s'empara du gouvernement de Cao Kun, qui devint le gouvernement de Feng Yuxiang. Celui-ci se rapprocha par la suite de Zhang Zuolin.

Un pédicure avait donc changé l'histoire de toute la Chine !

L'auteur commet ici une petite erreur historique, puisque ce n'est qu'en 1928 que Pékin fut rebaptisée Peiping ou 'Paix du Nord', alors que la capitale du pays avait été déplacée vers le Sud, à Nankin puis à Chongqing par la République de Chine. En 1924 Cao Kun était donc bien le Président (largement fantoche, extrêment corrompu, mais reconnu par les puissances étrangères) du Gouvernement de Pékin. La ville ne retrouva son nom actuel que le 1ᵉʳ octobre 1949. Quant au fameux Li Yanqing, il n'était pas seulement pédicure mais surtout... garçon de bain (bien qu'il ne vînt pas de Dingxing mais du Shandong). La façon dont, en une rencontre dans un établissement réputé de Changchun, il a conquis la confiance de Cao Kun, n'est pas dite par la chronique (Cao Kun était lui-même un ancient marchand de drap de Tiantsin devenu soldat). Cet individu entreprenant, élevé à la charge de grand intendant militaire, prélevait pour le compte de son président deux mille pièces d'argent sur les soldes des soldats de chacune des vingt-cinq divisions de l'armée... La période des Seigneurs de la Guerre a été effectivement très riche en rebondissements historiques, et propice à l'éclosion de talents insoupçonnés chez les individus les plus divers ; l'anecdote du pédicure multifonctions est assez belle – et crédible ! – pour que le traducteur ne se fasse pas trop pointilleux sur l'exactitude des faits relatés ici par Samuel Constant...

Le trop méconnu maréchal-président Cao Kun. Aucune photo de son général-pédicure n'a malheureusement été retrouvée...

Les « colleurs » d'éventails

Ils sont présents dans les rues de Pékin pendant les quatre mois les plus chauds de l'année. Ils portent en bandoulière un coffre de soixante-quinze centimètres de long sur trente de large et soixante de haut. La partie supérieure du coffre est occupée par deux petits tiroirs et l'inférieure par une porte à double battant, tout comme une commode chinoise traditionnelle. Au sommet est fixé un petit mât d'encore soixante-quinze centimètres de haut surmonté de deux boules de bois, d'où partent huit cordes arrimées en rayon au pourtour supérieur du coffre. Sur ces cordes sont attachées plusieurs centaines de petits grelots en cuivre. Dès que le vendeur d'éventails se déplace, les grelots bringuebalent, avertissant les clients de son arrivée.

Il sait réparer les éventails et en vend aussi les sous-ensembles :

- les « montures » ou « squelettes » (扇骨子 shàn gǔzi), qui sont de légères structures en bambou ;

- les « feuilles d'éventail » (扇面子 *shàn miànzi*) dont les montures sont recouvertes ;

- « l'axe » (扇轴子 *shàn zhóuzi*), un petit élément cylindrique en os qui maintient ensemble les baguettes de la monture et permet l'ouverture de l'éventail.

Le tout est vendu beaucoup moins cher que dans les boutiques spécialisées, appelées « présentoirs de papiers du Sud » (南纸铺 *nánzhǐpù*) en raison des innombrables feuilles d'éventails de haut de gamme, fabriquées dans le Sud du pays, qui y sont disponibles.

Les boutiques en question ne vendaient pas que des éventails, mais étaient en fait des papeteries de luxe proposant toutes sortes de produits, y compris pour les cérémonies de mariages, de funérailles et les fêtes de Nouvel An.

AUTOMNE

秋

Les vendeurs de gâteaux de lune

Ces vendeurs font leur apparition dans les rues au quinzième jour de la septième lune ou mois du calendrier chinois, et y restent un mois, jusqu'au quinzième jour du huitième mois, jour de la fête que les Chinois appellent « Fête de mi-automne » (中秋节 *zhōngqiū jié*), ou plus simplement « Fête du huitième mois » (八月节 *bāyuè jié*), mais que les étrangers surnomment fréquemment « Fête de la Lune ».

La dégustation de gâteaux de lune ou 月饼 *yuèbǐng* à la fête de mi-automne tient une place importante dans les traditions des Chinois. Ces gâteaux fourrés ont une croûte faite à partir de farine de blé, d'huile de sésame et de sucre, tandis que l'intérieur est un mélange de sucre, de pâte de fruit et de différentes noix et amandes. Ils ont un diamètre compris entre cinq et quinze centimètres et une épaisseur d'un peu plus de deux centimètres.

La description de la farce ci-dessus correspond en fait à l'une des sortes de gâteaux de lune les moins répandues aujourd'hui, appelée 五仁 *wǔrén, ou « cinq amandes » (des noyaux pilés). Bien que les gâteaux de lune soient l'un des domaines les plus riches en innovations de la pâtisserie chinoise, la farce la plus populaire reste la pâte de graine de lotus (ou de pois divers) dont la saveur sucrée contraste avec le cœur constitué de jaune d'œuf salé. Quand un Occidental s'est risqué à goûter les variétés les plus modernes, il finit en général par apprécier les farces plus classiques malgré leur apport calorique défiant les lois de la pesanteur : le gâteau de lune doit en effet se consommer avec modération. Par ailleurs l'auteur sous-estime fortement l'épaisseur de la chose, qui est plutôt de trois ou quatre centimètres (mais peut-être celle-ci a-t-elle varié au cours du temps…).*

Certains de ces gâteaux atteignent un diamètre respectable de plusieurs dizaines de centimètres, mais leur fonction est de rester au milieu de la table comme décoration pour rendre hommage à la Lune. Sur ces gâteaux géants sont dessinés en rouge les motifs traditionnels de l'arbre, de la maison et du lapin. Il s'agit bien entendu du « Grand-Père Lapin » ou 兔儿爷 *Tù'er Yé*. Cette fable d'un lapin qui habite la Lune et qui passe son temps à broyer des drogues dans un bol est fort ancienne *(NdT : cette légende est typiquement pékinoise)*. Elle est liée à celle de Chang'E (嫦娥 *Cháng'É*), une jeune femme bannie sur la Lune par son mari l'Empereur après qu'elle avait avalé le médicament à lui destiné. La pièce de théâtre « Chang'Er s'enfuit sur la Lune » est aujourd'hui encore l'un des spectacles qui attire le plus les foules.

L'auteur commet une erreur sur la légende de Chang'E. Le mari de la jeune femme était en fait le très fameux archer 后羿 *Hou Yi, et le médicament était un élixir d'immortalité. Après l'avoir avalé, Chang'E est devenu déesse de la Lune mais ne peut plus en redescendre.*

Une vision naïve de la légende de Hou Yi et Chang'E (Couverture d'une petite bande dessinée « en chaîne » traditionnelle).

La mythologie chinoise est si touffue qu'il est parfois extrêmement ardu de retrouver l'origine de nombreux mythes. Qu'il suffise ici de dire que la coutume des grands gâteaux de Lune décorés d'images de la légende du *Tù'er Yé* date quant à elle du célèbre empereur Xuanzong de la dynastie Tang. Une nuit, il rêva qu'il volait jusqu'à la Lune et y vit le lapin pharmacien, dans une grande maison où un essaim de belles jeunes filles jouaient un air inconnu, doux et émouvant. À son réveil, il se remémora cet air qu'il fit transcrire par le maître de musique du Palais. La chanson n'est autre que la très fameuse « La robe de plumes d'arc-en-ciel ».

Au soir du quinzième jour du huitième mois, quand la Lune est pleine, on installe le grand gâteau de Lune au milieu de la cour pour qu'il soit baigné de sa lumière, avec de l'encens, une image en papier découpée du Grand-Père Lapin, des pousses de haricots verts et une crête de coq. Puis on allume un bâtonnet d'encens ; celui-ci consumé, on brûle également l'image en papier. Enfin le gâteau est découpé en morceaux pour chaque membre de la famille afin de symboliser l'unité familiale. Le reste des aliments et des fruits est alors distribué aux domestiques, et ceci met fin aux célébrations de la Fête de mi-automne.

AUTOMNE

Les souffleurs de figurines en sucre

Ce type de colporteur a un gong d'environ quarante-cinq centimètres de diamètre qu'il frappe lentement avec un maillet dont la tête est enveloppée de cordes. Tout les trois ou quatre coups, il s'interrompt et vérifie qu'il n'y a pas de client en train de le héler.

Il dispose également d'une palanche à laquelle se balancent un coffre en bois et une corbeille cylindrique à étage 圆笼 *yuánlóng*, surmontée d'un présentoir. Dans la première boîte est entretenu un petit feu au dessus duquel pend un bol de fer contenant un sirop de sucre de riz bien gluant maintenu à la tiédeur idéale. Dans la seconde sont conservés les ingrédients nécessaires à la préparation de cette décoction, ainsi que les morceaux de charbon de bois pour entretenir le feu, et divers petits ustensiles. Quand les enfants accourent et s'agglutinent en réponse au son du gong du souffleur, il prend une petite boulette de mélasse dans le bol et se prépare à la modeler en lui donnant une forme quelconque réclamée par les enfants, tout en accompagnant ses gestes d'un boniment approprié. Il peut ainsi créer des épis de maïs, des poissons, des bonhommes, des poussins ou d'autres oisillons et toutes sortes d'animaux. Mais sa véritable expertise réside surtout dans le soufflage de figurines variées. Au moment où la boulette encore tiède atteint une certaine forme, il y plante une paille creuse et, en quelques expirations, lui donne sa forme finale. Ensuite il barbouille la figurine de légers coups de pinceau, obtenant ainsi une ressemblance fidèle avec le sujet : ce n'est qu'alors qu'il peut se targuer d'avoir mené l'entreprise à son terme avec succès. Le caramel se solidifie très vite et devient très croquant. Les enfants ont chacun leur figurine préférée, qu'ils engloutissent quand ils en ont assez de jouer.

Plus encore que des friandises, les figurines soufflées sont en fait de véritables œuvres d'artisanat ; la technique en rappelle évidemment le soufflage du verre. Aujourd'hui leur confection à la demande pour de jeunes bambins serait trop lente et trop peu rentable pour assurer un niveau de vie correct aux souffleurs. Sauf en de rares occasions, on ne les rencontre donc que dans des manifestations culturelles, des fêtes ou des foires où ils sont payés pour leur prestation nostalgique plutôt que pour leurs produits.

Les marchands de pots et bassines

Ce marchand pousse une brouette sur laquelle s'entassent, solidement arrimés, bols et bassines de toutes tailles : du pot à fleurs à la bassine d'un mètre vingt de diamètre pour le bain ou la lessive, tout y est.

Ces ustensiles sont fabriqués avec de la terre jaune et cuits dans les fours du village de 六里屯 *Liùlǐtún*, « la garnison des six lis », à trois kilomètres environ au delà de la porte de Chaoyang, la principale porte dans la muraille orientale de la ville de Pékin.

Pour se faire reconnaître, il utilise un petit maillet doté d'un long manche, dont il frappe l'un de ses pots. Les clients choisissent également leurs pots en les tapotant : si le son émis est clair et agréable, alors la cuisson est de bonne qualité et le pot pourra servir longtemps. On raconte ainsi qu'une famille pékinoise se sert depuis plus de soixante ans de la même bassine !

Les vendeurs de récipients en grès

Ce vendeur a pour cri :

« Terriiiiiines et marmiiiiites de Zhaitang ! »

斋堂蓝子沙锅 !

Zhāitáng gǔzi shāguō !

Zhaitang est un district proche de la Grande Muraille, au nord-ouest de la capitale, dont l'argile *(NdT : le grès est une argile mêlée de silice)* est réputée pour sa qualité. Les grès de toutes sortes sont très utilisés par les Chinois pour réchauffer, conserver et servir les aliments, car beaucoup de gens croient que les ustensiles de métal donnent un goût désagréable à la nourriture. Les vendeurs de poteries en grès les empilent les unes sur les autres et les suspendent à leur palanche à l'aide de cordes, le tout ressemblant à une grosse ruche. Ils en proposent trois types :

- 蓝子 *gǔzi (NdT : le terme est très rare et dialectal)* : c'est un modèle de terrine dont le bord est droit. On le pose à côté du poêle pour conserver les plats au chaud, mais il peut aussi aller directement sur le feu. Les petits modèles ne font pas plus de deux centimètres d'épaisseur.
- 沙锅 *shāguō* : cet ustensile est également épais d'environ deux centimètres ; il sert à la conservation des aliments. La bordure en est protubérante, ce qui fait qu'il est plus étroit à la base qu'au sommet.
- 支炉儿 *zhīlúr* : une sorte de poêle d'environ trente centimètres de diamètre, dont le fond est percé de très nombreux petits trous. On en recouvre le feu pour cuire toutes sortes de gâteaux, galettes et entremets chinois ; de cette façon les flammes peuvent chauffer uniformément sur toute la surface de l'ustensile.

Le marchand de grès
(page précédente)

Un autre type de marchand de pots
(page 80)

Les marchands de bonbons

À la palanche de ces colporteurs sont suspendues deux corbeilles rondes à étages en bois, l'une un peu plus petite que l'autre. Sur la plus petite des deux boîtes est posée un plateau de forme carrée *(NdT : l'illustration met le plateau sur la plus grande boîte)*, offrant à la vue des passants toutes ses confiseries : il s'agit de bonbons de bas de gamme, à base de riz, très croustillants, appelés 酥糖 *sūtáng* « croquants au sucre ».

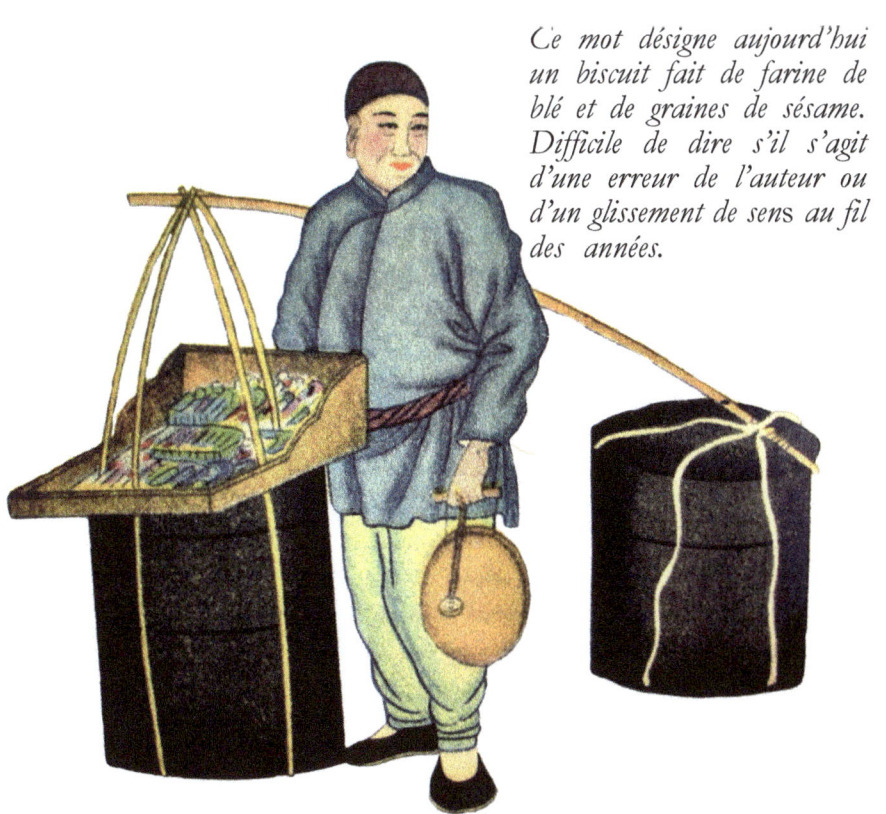

Ce mot désigne aujourd'hui un biscuit fait de farine de blé et de graines de sésame. Difficile de dire s'il s'agit d'une erreur de l'auteur ou d'un glissement de sens au fil des années.

L'instrument distinctif du marchand de bonbons est un gong d'environ vingt centimètres de diamètre, qui rend un son très prolongé.

Les vendeurs d'huile de sésame

On peut affirmer sans risque que l'apparition de ces marchands remonte à une époque très lointaine. Ils vendent de l'huile de sésame, obtenue en pressant les graines de la plante, appelée « huile parfumée ». Cette huile sert à rehausser la saveur de nombreux plats en Chine du nord. Les Pékinois sont particulièrement friands de sa saveur et l'utilisent dans pratiquement toutes leurs préparations culinaires. En Chine méridionale ou en Mandchourie les gens se servent plutôt de l'huile de soja. Jadis, on utilisait aussi l'huile de sésame comme combustible dans les lampes qui se résumaient à une mèche trempée dans un petit bol. Ce n'est plus le cas aujourd'hui et ces lampes ne servent plus que dans les temples ou bien au domicile, sur l'autel des offrandes. L'usage principal de l'huile est donc dans la cuisine, comme exhausteur de goût ou pour la friture. Le marchand d'huile se sert d'un instrument de théâtre, le 梆子 *bāngzi*. Il s'agit d'un morceau de bois évidé, qui produit un son creux très spécial – pang ! *(Ndt : le même caractère est utilisé pour désigner l'instrument et l'onomatopée correspondant au son produit)* – quand on le frappe avec une baguette. D'autres instruments similaires ont déjà été décrits ailleurs dans cet ouvrage.

Les « batteurs de gourde »

Ces marchands ambulants sont appelés ici par leur nom chinois, 打瓢的 *dǎ piáo de* « batteur de gourde » par faute d'une appellation plus appropriée. Ils sont équipés d'une palanche et frappent avec une baguette leur instrument qui est une demi-gourde (ou calebasse) évidée. Les Chinois s'en servent d'habitude comme louche.

Ils vendent une telle multitude d'objets divers, qu'on ne peut aisément les désigner par un terme précis. Sont proposés en fait tous les produits d'usage quotidien que l'on peut trouver sur les foires et les marchés et dont tout le monde a besoin, car on en n'achète jamais assez en une seule fois et il faut en permanence reconstituer les stocks : des plumeaux en plume de coq, plusieurs variétés de balais, de gourdes, de pelles à ordures, des brosses, des planches à linge, et toutes sortes d'autres ustensiles en bois ou en bambou. Ils sont présents dans les rues tout au long de l'année pour vendre leur marchandise, et c'est en fait quand il n'y a pas de fêtes de temples en cours que leur commerce est le plus florissant.

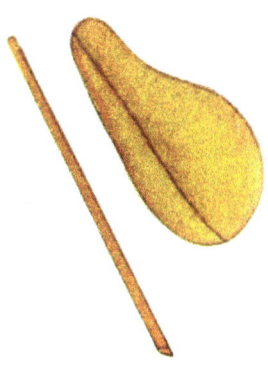

La demi-gourde évidée servant de louche est en effet un ustensile chinois traditionnel. Les fêtes de temples 庙会 miàohuì *sont des foires organisées dans les grands temples de la capitale une fois par an. Elles sont l'occasion d'assister à toutes sortes de spectacles plus ou moins édifiants, mais aussi de faire le plein de produits de consommation dans les innombrables échoppes qui se montent à l'occasion et proposent des produits plus variés et sans doute de meilleure qualité que ceux de notre colporteur : il est donc logique que son chiffre d'affaires souffre quand elles ont lieu.*

Les vendeurs de galettes

Ce colporteur peut pousser alternativement trois cris différents :

缸爐！	*gānglú*	« Galettes à la cannelle ! »
甜薄脆！	*tián bócuì*	« Biscuits sucrés croquants ! »
子兒餑餑！	*zǐr bōbo*	« Galettes-cailloooouuux ! »

Ces cris correspondent aux trois sortes de galettes qu'il porte au bras dans une cloche de bambou à trois étages :
- Les 'ganglu' sont une sorte de galette de pâte levée ronde et très plate, faite à partir de farine de blé additionnée de sucre et parsemée de cannelle.

Leur nom complet, 缸炉烧饼 qui signifie en fait 'galette jarre-four' vient du fait qu'elles étaient cuites à sec dans un four constitué d'une jarre renversée. Elles sont une spécialité de la province du Hebei, autour de Pékin. Les recherches montrent qu'aujourd'hui les graines de sésame ont remplacé la cannelle)... et que les fours utilisés ne sont plus aussi artisanaux.

- Les 'tian bocui' sont des galettes très fines et sèches, semblables aux biscuits occidentaux, mais presque aussi fines qu'une feuille de papier. Elles sont confectionnées avec de la farine, de l'eau et du sésame.

- Enfin les 'zirbobo' sont de minuscules galettes, en farine, eau et sucre. Pour les fabriquer, on utilise un moule en bois qui leur donne la forme de petites fleurs, puis on les cuit jusqu'à ce qu'ils soient durs comme des cailloux (d'où le nom de « 子儿 » c'est à dire petit caillou, gravier.). Ceci est fait exprès, pour que même les enfants n'arrivent à les déguster qu'à force de temps et d'efforts.

Il semble que les zirbobo aient de nos jours entièrement disparu... Il n'est pas certain que les petits Pékinois les regrettent !

Les charbonniers

Ces marchands ambulants transportent sur leur palanche deux grandes corbeilles en osier dans lesquelles ils entassent leur charbon de bois. Ils ont pour cri d'appel :

炭來邀零炭！

Tàn lái, yāo líng tàn !

« Voilà le charbooooonnn, charbon pesé au détail ! »

En plus de leur cri, ils manient un tambour à poignée du même type que d'autres déjà décrits. Le leur est le plus grand du genre et fait environ quarante-cinq centimètres de diamètre et sept d'épaisseur. En tournant la poignée, deux lanières de cuir frappent le tambour avec le bruit sourd caractéristique du charbonnier.

Ils n'officient que de trois heures de l'après-midi à dix heures du soir. En effet, le matin, les Pékinois entretiennent leur feu avec le charbon acheté pour ce faire dès la veille, et donc rien ne se vendrait dans la matinée.

Les charbonniers « modernes » des hutongs travaillent désormais avec un trycicle à plicyateau et le charbon se présente sous la forme de blocs en « nids d'abeille », plutôt qu'en bâtonnets comme sur l'illustration en page suivante.

Le charbonnier

Les vendeurs d'onguents
(ou hommes-médecine)

Voilà encore l'une de ces professions ambulantes difficiles à classer. Pékin jadis comptait beaucoup de ces vendeurs d'onguents, mais au fur et à mesure que les pharmacies et autres apothicaires se développent ils sont de moins en moins nombreux. Ils transportent un sac ou un coffre dans lequel sont rangés des médicaments de toutes sortes. L'article qu'ils écoulent le plus est un cataplasme noir très épais, concocté à partir de divers produits pharmaceutiques et d'huile de sésame. Il se présente sur un morceau de tissu, de soie ou de papier épais ; il s'étale sur la partie du corps malade ou douloureuse.

Mais ils ont d'autres « médicaments » disponibles si le malade saigne ou bien a mal aux os, aux muscles ou ailleurs. Bien entendu, ces soins sont très primitifs ; à l'intérieur des murailles de la capitale, ils ont tendance à lentement passer de mode. En revanche, les hommes-médecines sont encore les bienvenus à la campagne, et justement pour cette raison, ils s'y débarrassent en partie de leur statut inférieur de colporteur pour être assimilés aux véritables docteurs, d'autant plus que ces derniers n'y sont pas très nombreux. Beaucoup de ces « médecins de campagne » possèdent une mule ou un chameau de bât : ils se rendent ainsi de sous-préfecture en chef-lieu de district, et si les affaires sont bonnes ils se fixent pour quelques jours. Quand leur stock de médicaments s'épuise ils retournent à Pékin se réapprovisionner. Leurs traitements se font tous par application externe *(NdT : contrairement à la plupart de ceux des véritables médecins traditionnels chinois).*

Pour prévenir la clientèle potentielle de leur arrivée ils utilisent un instrument appelé « Étai à Tigre » (虎撑子 *hǔchēngzi*). Il s'agit d'une sonnette en forme d'anneau torique, ressemblant à un beignet dont on aurait creusé le pourtour au couteau. À l'intérieur de l'anneau se trouvent quelques billes de métal. L'instrument peut être utilisé de deux façons différentes : soit il est enfilé autour de quatre ou cinq doigts de la main réunis, soit juste autour du pouce. Selon le cas, l'anneau est soit simplement agité, soit mis en rotation autour du pouce. Les billes produisent un son très fort et clair caractéristique de l'homme-médecine.

**Un très bel exemple d'étai à tigre
(en anglais** *tiger stretcher*)
décoré de symboles astrologiques.

L'invention de cet instrument est attribuée par la légende au très fameux médecin et taoïste 孙思邈 *(Sūn Sīmiǎo), ayant vécu sous les dynasties Sui et Tang, à cheval sur les VIe et VIIe siècles. Il voyageait souvent en montagne, allant de village en village. Il tomba un jour sur un tigre très gravement malade, qui le supplia de trancher la tumeur qu'il avait dans la gorge. Simiao ne savait que faire et dit au tigre qu'il reviendrait le lendemain après avoir réfléchi à une solution. Le soir même, dans un village des environs, il confectionna un anneau de fer comme celui décrit plus haut. Il coinça l'anneau dans la gueule du tigre qui ne pouvait plus dès lors refermer les mâchoires. À travers le vide de l'anneau Simiao put alors procéder à l'ablation de la tumeur. Après cet épisode Simiao conserva toujours l'anneau sur lui, et il est bien normal que cet ustensile, considéré comme un talisman protecteur, soit devenu l'emblème des médecins itinérants. Partout en Chine ces derniers sont partie essentielle du folklore traditionnel. Comme le note d'ailleurs l'auteur, il était parfois difficile pour la populace de distinguer les véritables docteurs, ayant étudié de longues années* la médecine chinoise, des charlatans, bonimenteurs et autres marchands de panacées universelles... Les villages, et même les bourgs de moyenne importance pouvaient rester longtemps sans voir passer de ces médecins voyageurs, populairement appelés 江湖医生 jiānghú yīshēng, ou « médecins des rivières et des lacs ». L'utilisation du terme « jianghu », qui peut désigner selon le contexte l'ensemble du pays ou de la société, mais aussi les mondes parallèles des aventuriers et de la pègre, montre bien le peu de cas que faisaient les gens de la plupart de ces soi-disant médecins (du moins, les gens qui pouvaient se permettre de faire preuve de plus de discernement). En leur absence, c'était souvent le barbier du village qui faisait office de chirurgien pour soigner les blessures, plaies et foulures ; il est intéressant de constater que les barbiers remplissaient la même fonction en Occident, au Moyen-Age.

La vente des onguents et potions miracles n'était pas réservée en Chine aux « hommes-médecine » : les acrobates et spécialistes des arts martiaux tentaient souvent de compléter leurs maigres revenus de gens du spectacle en écoulant des décoctions de leur invention qui, prétendaient-ils, leur conféraient force et talent...

Les vendeurs de bouilloires

Ces marchands ne sont apparus qu'à partir de 1900 environ, quand les commerçants occidentaux ont commencé à importer des objets en fer ou en étain en grand nombre. Ils vont de ruelle en ruelle et rachètent le métal des objets usagés, puis le recyclent en fabriquant des bouilloires, des chandeliers, des lampes à huile et d'autres petits ustensiles. Sur leur palanche ils transportent leurs produits ainsi qu'un petit four destiné à la réparation des bouilloires. Le matériau utilisé est souvent tout simplement celui des bidons de *gasoil* de cinq gallons de la *Standard Oil* ou d'une autre marque. Jadis, les gens appréciaient les ustensiles en cuivre ou en bronze qui étaient exposés dans les boutiques spécialisées et duraient des années, mais désormais ce sont ceux en étain qui sont les plus communs. Leur qualité est moindre cependant, et leur durée de vie plus limitée ; donc l'avenir de ces petits artisans est assuré, car les maîtresses de maison ne peuvent pas se rendre dans une boutique à chaque fois que leur bouilloire se casse.

Ils déambulent en frappant le fond de leurs bouilloires avec un bâtonnet, et crient :

« Bouilloires en métal étranger, ouah ! »

洋鐵壺哇 !

Yángtiě hú wa !

AUTOMNE

Les acheteurs d'argent usé

Ils sont appelés « acheteurs d'argent impur » 买潮银子的 *mǎi cháo yínzi de*, mais pour les étrangers, « usé » semble plus adapté qu'impur pour traduire leur nom. Leur commerce consiste à acheter, alors que celui de la plupart de leurs homologues est de vendre, mais personne ne peut nier qu'ils appartiennent à la même grande communauté ; ils tiennent une place importante dans la vie des Chinois et ont donc été inclus dans ce livre.

> *La traduction initiale par l'auteur du mot par « impur » était elle même trop forte car il signifie plutôt dans ce cas « défectueux, déficient, de qualité inférieure ». Ce terme s'explique par la division de cette catégorie de marchands de rue en deux sous-catégories, de standing différent, qui sont décrites plus bas.*

Ils sont apparus il y a de nombreuses années, et récupéraient à l'époque les ornements en argent des femmes, les bagues et bracelets un peu abîmés, usagés ou démodés, ou bien ayant besoin de recevoir une nouvelle couche de plaqué. Leur prix d'achat valait et vaut toujours les quatre cinquièmes de la valeur du poids d'argent de l'objet. Par la suite, ils se mirent à accepter tous les objets abîmés ou usagés. Ils ne refusaient bien sûr pas ceux qui étaient en bon état... Désormais, leur troc va des bagues et anneaux aux malles en bois de camphre et même aux antiquités et curiosités de toutes sortes. Ils se répartissent en deux catégories, l'une se concentrant sur les articles de bas de gamme, cassés ou très usés, tandis que l'autre achète surtout de la marchandise de meilleure qualité, qu'elle soit cassée ou en bon état. Les colporteurs de la seconde catégorie font plus d'affaires que ceux de la première. Quand la valeur de l'un de ces objets dépasse dix ou quinze dollars, ils deviennent fréquemment les représentants de véritables boutiques de brocante ou d'antiquités et ils touchent une commission sur la transaction.

La première sorte utilise un petit tambourin de dix centimètres de diamètre et n'a pas de cri particulier. Ils portent deux corbeilles de bambou et y placent les objets usagés qu'ils reçoivent (sauf les bouteilles, les tissus ou les autres objets qui sont récupérés par les marchandes d'allume-feu). La seconde sorte se sert d'un tambourin encore plus petit, d'à peu près cinq centimètres de diamètre, qui n'est recouvert que sur une face. Ils tiennent le tambourin entre le pouce et l'index de la main gauche et le frappent avec une tige de roseau tenue dans la main droite. Certains d'entre eux ont une palanche, d'autre n'ont qu'un baluchon en tissu bleu, qui contient aussi une petite balance utilisée pour peser l'argent.

Leur cri est :

« Venez vendre votre argent et vos épingles à cheveux ! »

潮銀子首飾來賣！

Cháo yínzi shǒushì lái mài !

Les vendeurs de porcelaine

Ils sont présents tout au long de l'année dans les rues de Pékin, leur cri d'appel est :

換茶壺來換茶碗來！

Huàn cháhú lái huàn cháwǎn lái !

« Venez échangez vos théières, venez échangez vos tasses ! »

Ils disposent d'une palanche avec deux grands paniers dans lesquels s'entassent bols, tasses, soucoupes, théières et autres porcelaines diverses. Leurs porcelaines sont de qualité supérieure à celles des « marchands de porcelaine de seconde catégorie » (voir plus loin) sans pour autant être du haut de gamme. Les porcelaines les plus fameuses viennent de la province du Jiangxi et ne sont mises en vente que dans certaines boutiques.

> *Comme chacun sait, c'est effectivement du Jiangxi, et notamment de la ville de Jingdezhen* 景德镇*, connue pour ses ateliers impériaux, que viennent (ou venaient) les céramiques de meilleure qualité.*

L'anecdote la plus curieuse à propos de ces colporteurs est la façon dont ils accrochent toutes leurs porcelaines en forme de pyramide. Ils n'utilisent jamais plus d'une seule corde pour chaque tas, aussi incroyable que cela soit. Et pourtant cette empilement de fragiles ustensiles tient grâce à une technique quasi-miraculeuse, qui permet en outre de prélever l'objet choisi par le client avec une remarquable économie d'efforts, sans mettre en péril la stabilité de l'ensemble.

Ces vendeurs peuvent certes vendre leurs produits, mais préfèrent de beaucoup les troquer contre des habits, des chapeaux, des chaussures ou bien contre des objets dont les gens ne veulent plus : céramiques et porcelaines, curios et bibelots. Il faut cependant que ceux-ci soient en bon état. Les colporteurs sont en permanence à l'affût de vieilles porcelaines dont les maîtresses de maison n'ont pas forcément conscience de la valeur. Enfin, ils sont à l'écoute des nouvelles concernant fiançailles ou mariages, car la dot de la mariée comprend en général un service complet de porcelaines. L'assortiment complet revient, à Pékin, à environ trente yuans et certaines familles y consacrent bien entendu des sommes beaucoup plus importantes.

Comme il est indispensable que ces ustensiles accompagnent l'épousée, cela n'est souvent pas facile pour les familles qui n'hésitent alors pas à revendre bibelots, vieilles porcelaines de valeur et autres objets usagés pour doter leur fille d'un ensemble flambant neuf. Ces circonstances sont source de profits considérables pour les vendeurs de porcelaine, compensant ainsi la maigre rentabilité de leur commerce habituel.

Un assortiment complet de porcelaines pour la dot devra ainsi comprendre :

- Un grand vase d'environ un mètre de haut pour ranger les plumeaux ;
- Un grand plateau pour les fruits, d'un diamètre de soixante-dix centimètres ;
- Une paire de vases spéciaux pour mettre en valeur des fleurs artificielles en pierre ;
- Deux théières, deux tasses et deux soucoupes pour le thé ;
- Deux supports en céramiques pour les chapeaux ;
- Quatre bols pour le riz ;
- Deux soucoupes pour le savon ;
- Deux ou trois bassines pour la toilette ;
- Quatre paires assorties de petites boîtes en porcelaine, pour les cosmétiques, la mercerie et ce genre de choses ;
- Deux bols pour se rincer la bouche.

Les vendeurs de porcelaine de bas de gamme

Au Nouvel An, chaque foyer a besoin d'un plus grand nombre de bols à riz, d'assiettes ou de bassines. Aussi certains colporteurs transportent-ils, dans une palanche avec deux grandes corbeilles peu profondes, ce type de vaisselle de médiocre qualité, assemblée par genre dans les corbeilles d'une façon d'ailleurs souvent remarquablement décorative. Ces articles peuvent être vendus, mais les colporteurs préfèrent les échanger contre de vieux habits ou bien contre toutes sortes d'objets brisés ou inutilisables.

Leur cri est :

換盆兒哎 ! ou 換碗兒哎 !

Huàn pénr āi ! *Huàn wǎnr āi !*

« Échangez vos bassines, aï ! »
ou bien « échangez vos bols, aï ! »

Le vendeur de porcelaine de bas de gamme

Les réparateurs de porcelaine

Comme beaucoup des petits marchands de rue, ces artisans ont une palanche, mais la leur porte des sortes de boîtes en bois à tiroirs d'un modèle particulier. Au dessus de l'une d'elles pendent un gong et deux petits pendules de bronze ; le tout se balance librement au rythme de la marche. Le bruit caractéristique et le rythme irrégulier ainsi obtenus suffisent pour que ces réparateurs ne puissent être confondus avec quiconque.

Jadis, ils se servaient aussi d'un petit four qui leur permettait de réparer outils, cadenas et serrures et d'exécuter d'autres menus travaux. Ainsi, une autre de leurs appellations était « l'artisan au petit four ». Ce titre est d'ailleurs toujours en usage bien que depuis l'année 1900 environ, la plupart ne transportent plus de four et ne réparent plus les cuivres. Mais leur appellation la plus répandue de nos jours est tout simplement le « réparateur de bols ». Ils sont d'une extraordinaire habileté et peuvent réparer porcelaines ou articles en verre, avec pour tout outils de petites agrafes ou rivets en fer ou en fil de cuivre.

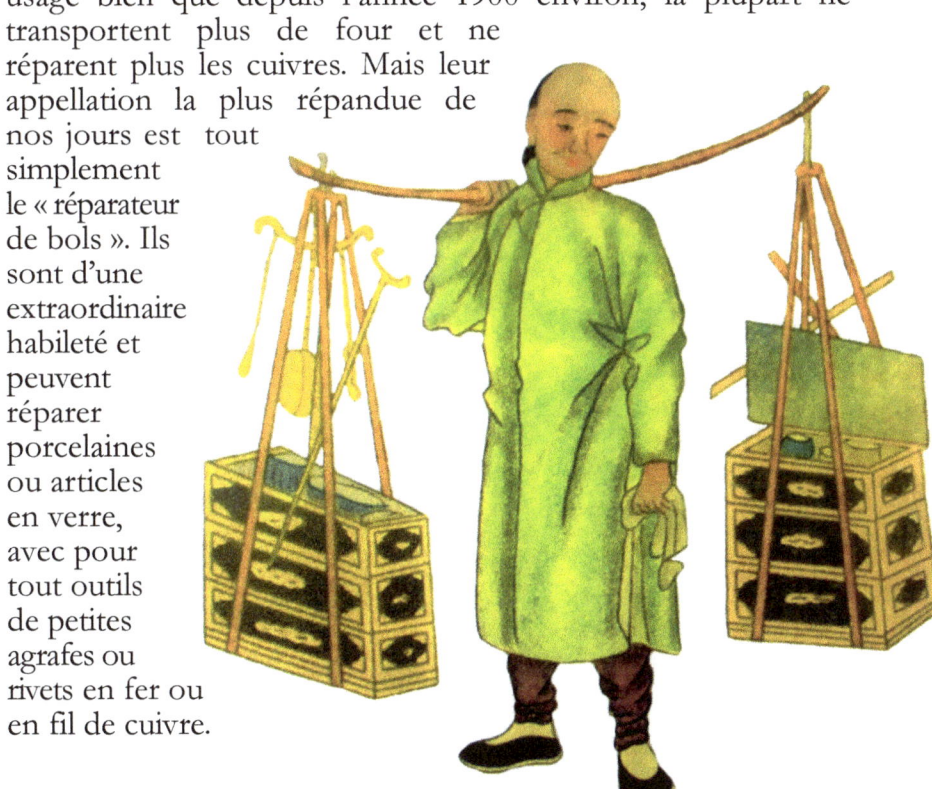

Le réparateur réunit d'abord tous les fragments de la porcelaine brisée et les assemble selon la forme initiale, en les faisant tenir si possible avec du fil. À l'aide d'une petite perceuse à main très primitive il creuse un trou minuscule des deux côtés de chaque fente. Il relie les deux trous de l'une de ses agrafes, enfoncée avec un petit marteau. Puis le processus est répété tout au long de chaque brisure. Une fois ce travail minutieux terminé, le vase ou le bol semble comme neuf, sauf à y regarder de très près. La perceuse à main utilisée par ces artisans n'est rien d'autre qu'un bâtonnet accompagnée d'un archet, comme ceux dont se servent les Indiens d'Amérique pour faire du feu. La corde de l'archet est suffisamment lâche pour pouvoir être tournée une fois autour du bâtonnet, et cela suffit pour faire des miracles. Pour pouvoir plus facilement creuser les trous, de minuscules fragments de diamant sont incrustés dans la pointe de métal du bâtonnet.

Hommes et femmes aux allumettes

Seules les ménagères chinoises les plus dispendieuses peuvent se permettre de dépenser de l'argent pour acheter des allumettes. Toutes les autres font appel à ces colporteurs qui troquent leurs allumettes contre des vieux papiers ou d'autres matériaux usagés. Aujourd'hui les allumettes sont de la sorte que nous connaissons, produites sur place à l'imitation du modèle étranger, et sont mises en vente au prix de vingt-cinq sous de cuivre la boîte. Elles sont appelées « le feu étranger » 洋火 *yáng huǒ*, ou bien plus communément, « allume-lampe » 取灯儿 *qǔ dēngr*. Ce nom-ci est le nom traditionnel usité jadis, car les allumettes ne sont utilisées que depuis environ un demi-siècle. Auparavant, les gens se servaient d'un briquet constitué d'une pierre à feu et de métal et les « allumettes » n'étaient que des brindilles de chanvre sèches, mises à feu par une étincelle.

Ces colporteurs sont divisés en deux catégories, les hommes qui portent une palanche et les vieilles femmes qui ont une hotte sur le dos. Le commerce des vieilles dames à hotte est à toute petite échelle. Elles n'échangent leurs allumettes que contre des morceaux de papier déchirés et des bribes de vieux tissus. Elles ont aussi parfois quelques petits pains de savon, mais leur capital est si réduit que ce n'est jamais en grande quantité. Ces pauvres êtres revendent papiers et tissus aux fabricants de papier recyclé derrière la porte Qihuamen.

Qihuamen était l'ancien nom de la porte Chaoyang, à l'époque des Mongols (XIVe siècle) ; le petit peuple pékinois l'appelait toujours par ce nom cinq à six siècles plus tard !

Les femmes crient sur un ton particulièrement strident :

« Échaaange — d'allumettes ! » ou bien :

« Troc d'allumettes, venez troquer ! ».

换取燈兒！ ou 换取燈兒來！

Huàn qǔ dēngr !   *Huàn qǔ dēngr lái !*

Les hommes quant à eux échangent leurs allumettes contre des ustensiles de cuisine métalliques usagés, des bouteilles, de vieilles chaussures, des feuilles de papier ou de carton, des vieux poêles ou tuyaux de poêles. Ils apportent le tout à la porte Hatamen *(NdT : le nom populaire de la porte Chongwenmen)* et le revendent aux boutiquiers et aux marchands qui font commerce de l'occasion et de la seconde main. Leur cri d'appel est : « Vendez vos bouteilles étrangères, vendez vos verres briséééés ! »

洋瓶子賣！破玻璃賣！

Yáng píngzi mài ! Pò bōli mài !

En plus des bouteilles vides ou brisées, ces colporteurs ont développé un autre petit trafic : ils rachètent aux domestiques des familles riches ou des étrangers des bouteilles de vin qui n'ont pas encore été ouvertes pour les revendre aux boutiques d'alcool. Ces petits arrangements sont très fructueux, sauf bien entendu pour les patrons qui se retrouveront parfois à racheter plusieurs fois leur propre alcool.

HIVER

Les vendeurs de poêles en amiante

Ce n'est qu'à partir du neuvième ou du dixième mois de l'année, c'est à dire à la fin de l'automne et au début de l'hiver, que l'on croise ces marchands dans les ruelles de la capitale.

Leur cri est :

« Poêles en amiaaaaante ! »

Traduction inexacte par l'auteur du cri de ces marchands de rue, qui est en fait :

锅盔炉子 !

Guō kuī lúzi !

... qui signifie : poêle (en forme de) marmite-casque ! En effet la forme de ces poêles rappelle celle d'anciens casques de la dynastie Tang. On raconte que sous l'usurpatrice Wu Zetian (règne de 690 à 705) certains soldats en furent réduits à se servir de leur propre casque comme poêle, gril, etc, et le nom resta aussi aux petites galettes ainsi confectionnées. Il s'agit surtout d'une spécialité du Nord-Ouest et du Hubei.

Ils ont tous une palanche avec à chaque extrémité une corbeille peu profonde tressée en tiges d'aubépine, d'environ un mètre de diamètre, dans laquelle se trouvent les poêles. De tailles très variées, ceux-ci sont faits à partir d'une argile contenant de l'amiante, extraite à une cinquantaine de *li* à l'est de Pékin, dans une zone minière du Hebei toute proche des tombeaux des empereurs mandchous *(NdT : les tombeaux dits « Qing de l'Est », moins fréquentés par les touristes et dans un cadre moins abîmé aujourd'hui que les tombeaux Ming plus proches de Pékin).* À cette argile on rajoute de l'eau et on introduit le tout dans un moule. Quand la mixture est sèche le poêle est prêt. Ces poêles sont cylindriques et comportent une grille à sept barres. Dans les modèles les plus petits, les barres sont fixes, tandis qu'elle sont mobiles dans les plus grands.

Les marchands de radis et de navets

Ces colporteurs ont beaucoup de cris d'appel différents, qu'on entend souvent aux temps froids.
Ils crient par exemple d'une voix généralement suraiguë :

賽黎嘞辣來換 !

Sài lí lei là lái huàn !

« Meilleurs que des poires, j'échange si trop piquant ! »

Ils portent soit un panier soit une palanche. C'est en soirée et la nuit que vous pouvez apercevoir la silhouette des porteurs de panier, et entendre leur cri. Ils disposent donc d'une lanterne en plus de leur panier. Ces paniers sont oblongs, tressés eux aussi en tiges d'aubépine. Les légumes sont protégés d'un épais tissu. Les radis chinois sont énormes, presque aussi gros que les navets. Les porteurs de palanche ont d'un côté un plateau en bois, de l'autre une corbeille. Ils mettent la plus grande partie de leurs légumes dans la corbeille, et en exposent quelques-uns sur le plateau. Du coup ils se considèrent d'une condition bien supérieure à celle de leurs confrères dotés de panier. On les voit opérer plutôt dans la journée, sauf autour du Nouvel An où ils sortent également après la nuit tombée.

Ce sentiment de supériorité est dû au fait qu'ils sont particulièrement doués pour la découpe des « fleurs de radis », certains naturellement bien plus que d'autres. L'artisan prend le radis en main, tête en bas (la tête est l'extrémité la plus épaisse, là d'où poussent les feuilles), en tranche la pointe, puis imprime au légume un mouvement de rotation circulaire pour l'éplucher, et continue en taillant dans la chair elle même avec son couteau, produisant ainsi toutes sortes de motifs variés. Ainsi, l'humble radis se transforme petit à petit en fleur. C'est la forme de la fleur de lotus qui est le plus souvent adoptée.

D'autres sont même capables de sculpter des « lanternes de navet ». Ils évident entièrement le légume jusqu'à ce qu'il ne reste qu'une mince très mince couche de chair sous la peau, puis ils épluchent la peau selon un motif déterminé. En plaçant une bougie à l'intérieur, la lumière brillera à travers la chair blanche du navet là où la peau a été ôtée.

Les Chinois croient que les navets peuvent absorber poisons et toxines. C'est pour cela que ce légume est apprécié en hiver, car il permettrait de se défendre contre les méfaits des gaz issus de la combustion du charbon. Les boulettes de charbon utilisées pour le chauffage sont en effet faites à partir de résidus d'argile et de poussière de charbon agglomérés et rejettent énormément de monoxyde de carbone. Même en petite quantité ce gaz peut être la cause de malaises, et à haute dose il est souvent fatal. Le radis est réputé guérir les migraines et autres maux dus à son inhalation.

Les dangers de l'utilisation intensive du charbon avaient donc été compris depuis longtemps déjà à Pékin : que de temps perdu avant les premiers efforts de l'époque moderne pour en limiter la consommation dans l'ensemble de la Chine ! Effort qui semblent encore bien dérisoire et sont souvent annulés par les autres causes modernes de pollution, comme l'automobile, qui rendent l'air des métropoles chinoises littéralement irrespirable, comme en ces récents mois d'hiver où la densité des micro-particules (les plus néfastes à la santé) dans l'atmosphère de la capitale a tout simplement dépassé l'échelle des instruments de mesure. On notera par ailleurs que la sagesse populaire chinoise avait de son côté anticipé la vague des « alicaments ». Pas sûr que le navet en devienne malgré tout beaucoup plus populaire chez les consommateurs modernes...

Saltimbanques et magiciens ambulants

Vous pouvez trouver ces saltimbanques à l'occasion de n'importe quelle foire de temple. Ils se hasardent aussi parfois dans les hutongs de Pékin pour se donner en spectacle dès qu'on les appelle dans une cour carrée. Ils travaillent en groupes de trois ou quatre personnes. Ils sont très demandés juste après le Nouvel An, car les gens sont tout imprégnés de l'atmosphère festive et veulent être amusés. Ils se répartissent en deux catégories :

1. Les « jongleurs aux lanternes » : ceux-là se déplacent au gré des ruelles en frappant gongs et cymbales et en battant du tambour. Leur palanche supporte des paniers cylindriques à plusieurs tiroirs. Chaque tiroir contient différents ustensiles utilisés pendant les représentations. Leurs spécialités sont les 武戏法儿, *wǔxì fǎr* ou « tours militaires », pour lesquels ils se servent de sabres et d'épées, et exécutent cabrioles et sauts périlleux en tenant des lanternes (c'est de là qu'ils tiennent leur nom).

Les lanternes en question sont en forme de dragon ou de tortue, et appelées 鳌山灯 *áoshāndēng ou « lanternes de la tortue-montagne », car évoquant l'animal mythique* 鳌 *qui est la tortue géante portant sur son dos la montagne où séjournent les Immortels. Cette légende est par exemple évoquée par le grand écrivain Lu Xun dans sa nouvelle satirique* Réparer les cieux.

Voici d'autres sortes de « tours militaires » :

- « Le nain perce l'amphore » : il s'agit d'un tour de magie consistant à faire semblant de faire pénétrer un enfant dans une amphore ou un pot dont la bouche ne fait qu'une quinzaine de centimètres de diamètre. L'enfant est enveloppé dans un tissu, mais un autre tissu est placé en avance dans le pot, ce qui fait que les spectateurs ont l'impression que l'enfant est à l'intérieur du pot quand on en retire l'étoffe. Il peut répondre à des questions des spectateurs. À la fin du numéro, le prestidigitateur recouvre le pot avec l'étoffe, crie « Sors de là ! » et l'enfant « réapparait » à côté du pot.
- Cracher du feu après avoir avalé de la bouillie de riz.
- Des cabrioles effectuées au dessus de pointes d'épées dressées, tout en tenant un plateau chargé de verres d'eau.
- « L'assiette éventée » : il s'agit de faire tournoyer une assiette ou un plateau avec un éventail, jusqu'à ce que l'assiette se mette à léviter.

2. Les saltimbanques de la seconde catégorie sont simplement qualifiés de magiciens ou d'illusionnistes. Ils frappent un gong en marchant. Ils ont le même genre de palanche et d'ustensiles que les précédents, mais leurs « tours littéraires » relèvent de la prestidigitation qui nous est bien connue. Par exemple ils changent du riz en eau, ou bien changent une grenouille cachée sous un bol en souris, font apparaître des bols en verre plein d'eau et de poissons rouge, et d'autres tours de passe-passe du même acabit. Les tours où ils sont le plus habile consistent à faire apparaitre des petites balles ; jusqu'à dix balles peuvent ainsi surgir de rien, comme s'ils les attrapaient dans l'air.

Il manque un élément important dans la description de ces saltimbanques, et en particulier de ceux qui présentent des « tours militaires », c'est à dire des démonstrations d'arts martiaux et d'acrobaties. La plupart de ces athlètes et bateleurs ne vivaient pas uniquement de l'argent donné par les spectateurs au vu de leurs performances, mais aussi de la vente d'emplâtres et de potions censées conférer aux clients la même force et la même agilité dont ils venaient de faire preuve devant eux. L'efficacité réelle de ces potions miraculeuses est bien évidemment sujette à caution, mais il suffit de constater combien de nombreux Chinois, aujourd'hui, croient encore dans les vertus fortifiantes des décoctions de poudre de cornes de rhinocéros ou de pénis de tigre pour imaginer la crédulité des foules admiratrices. Cette tradition remonte à très loin, puisque déjà dans le roman classique Au bord de l'eau *un passage décrit un tel spectacle :*

两人挽了肐膊，出得茶坊来，上街行得三五十步，只见一簇众人围住白地上。史进道："兄长，我们看一看。"分开人众看时，中间里一个人，仗着十来条杆棒，地上摊着十数个膏药，一盘子盛着，插把纸标在上面，却原来是江湖上使枪棒卖药的。

« Bras dessus bras dessous, ils sortirent de la maison de thé et firent trente ou cinquante pas dans la rue avant de tomber sur un attroupement de badauds se pressant autour d'un espace vide. « Frère aîné, suggéra Shi Jin, jetons-y un coup d'œil ! » Ils écartèrent la foule et virent en son centre un gaillard qui maniait plus d'une dizaine de bâtons de combat. À ses pieds, un plateau était couvert d'autant de cataplasmes et de philtres, surmontés d'une affichette en papier décrivant les articles. C'était de fait l'un de ces hommes des rivières et des lacs, démontrant ses talents à la lance et au bâton pour vendre ses médecines. »

Les montreurs d'animaux

Le dresseur de souris

Depuis les temps les plus anciens jusqu'à la dynastie Ming, ces spectacles ont été appelés « théâtre de souris », et ce n'est que plus tard qu'ils furent qualifiés de « jeux de souris ». L'artiste porte à l'épaule un coffre sur lequel est fixé un mât avec à son sommet un petit plateau rond. Des petits drapeaux sont plantés à l'extrémité de ce mât en guise de décoration *(NdT : l'image n'est pas exactement conforme à cette description, non plus que l'instrument décrit)*. Le plateau a plusieurs trous ; une échelle de corde le relie au couvercle du coffre. Sur le plateau (ou qui y pendent) sont en général exposés les objets suivants :

- un stupa miniature ;
- un petit temple ;
- une pêche en bois avec un trou au milieu ;
- un seau et un poisson en bois pendus à des cordes ;
- une petite roue ;
- un modèle d'une cangue en bois, cet instrument que l'on mettait au cou de certains suppliciés comme châtiment.

En passant dans les rues et les ruelles, le dresseur de souris souffle dans une sorte de petit instrument à vent, en forme de corne, appelé le *suǒnà* 唢呐.

Long d'un peu moins de quarante centimètres, le suona est originaire de l'Annam, mais est devenu l'un des instruments incontournables de la musique chinoise, utilisé au théâtre ou sur la scène des cérémonies de mariage ou d'enterrement, ou bien encore par les bonzes et les prêtres taoïstes. Quand il est appelé dans une cour carrée pour y donner une représentation, le montreur de souris ouvre les tiroirs de son coffre, dans lesquels de petits nids en coton abritent quelques souris. Les souris vont grimper à l'échelle, font tourner la roue en courant dessus, escaladent la pagode, le temple et rampent dans le trou de la pêche. Pendant ce temps le dresseur chantonne et bat le rythme sur le coffre avec une baguette qui pourra aussi lui servir à diriger les souris comme un chef d'orchestre. Chaque souris a sa spécialité ; quand elle a fait son tour elle est réintégrée dans le coffre pour être remplacée par une autre souris qui va montrer ses talents. Quand toutes les souris se sont données en spectacle, le montreur demande aux spectateurs l'air qu'ils préfèrent, qu'il joue alors sur son suona.

Le dresseur de singes savants

Les dresseurs de singes déambulent toujours à deux. Chacun porte un coffre contenant des chapeaux et d'autres articles utilisés par le singe. Ils ont aussi souvent un petit chien savant et une chèvre. Le singe ouvre lui-même le coffre et en sort toutes sortes de chapeaux dont il s'affuble tour à tour. Il bondit ensuite sur une perche ou une petite échelle et se livre à des acrobaties et des cabrioles. Puis c'est au tour du chien de montrer quelques tours, et enfin le singe conclut le spectacle en montant sur la chèvre pour faire le tour des spectateurs et leur demander de l'argent. Pendant toute la durée du spectacle, l'un des dresseurs chante et bat un gong d'environ deux pieds de diamètre.

Le montreur d'ours

On peut apercevoir les montreurs d'ours tout au long de l'année. Les ours sont appelés 狗熊 *gǒu xióng*, « ours-chiens », parce qu'ils appartiennent à une race dont la taille est celle d'un gros dogue. Ils ont subi un long processus de dressage.

Ces ours sont entraînés aux tours suivants :

- manier une fourche identique à celle utilisée par les soldats de l'antiquité chinoise ;
- utiliser un « étai à tigre » comme ceux déjà décrits chez les vendeurs d'onguents ;
- et s'affubler d'une coiffe parodiant celles des anciens mandarins mandchous.

Les marionnettistes

Les spectacles de marionnettes chinoises ressemblent beaucoup aux spectacles anglais appelés « Punch & Judy » *(NdT : il s'agit d'un spectacle de marionnettes datant du XVIIe siècle et descendant, comme Guignol, de la Commedia dell'Arte italienne).* Tout ce dont ont besoin ces artistes est réparti en deux fardeaux aux extrémités d'une palanche. D'un côté, se trouve un modèle de maison chinoise, de l'autre un empilement de boîtes dont l'intérieur est rembourré pour ranger les marionnettes et le reste des accessoires. Le modèle de maison peut s'ouvrir pour former une petite scène, d'où pend une étoffe qui dissimulera entièrement le corps du marionnettiste pendant le spectacle. La palanche elle même ou les perches qui en tiennent lieu soutiennent la scène en hauteur.

Les deux numéros les plus populaires auprès du public ont pour noms :

1. « Wang le Petit chasse le tigre ». Dans cette histoire, Wang le Petit, médiocre chasseur, est emporté par un tigre. Sa femme se lance dans une poursuite acharnée, finit par rattraper et tuer le tigre, et sauve Wang de la gueule du fauve.

2. « Le village de Gao Lao » : il s'agit d'un des très nombreux récits tirés du *Voyage vers l'Ouest*, qui narre les aventures du mythique Roi des Singes.

Le marionnettiste opère d'en dessous *(NdT : les marionnettes sont du modèle dit « à gaine » où l'on glisse les mains à l'intérieur)*. Il récite les dialogues et, quand nécessaire, frappe un petit gong. Quand il se déplace à la recherche de spectateurs, il frappe en même temps un petit et un grand gong, de diamètres respectifs vingt-cinq et soixante centimètres. Le rythme est d'un coup sur le grand gong pour trois coups sur le petit.

> *Les marionnettes chinoises ont une tradition très riche qu'il serait bien sûr beaucoup trop long de détailler ici, et possèdent une dimension sacrée qui leur vient de leur origine commune avec le théâtre et l'opéra chinois. Les petits marionnettistes ambulants se servaient (dans cette description) de marionnettes « à gaines », mais les quatres types de marionnettes existaient en Chine : à gaines, à tiges, à fils, et théâtre d'ombres.*

Les danseurs de « bateau à sec »

Ces amuseurs publics opèrent d'habitude avec deux ou trois jeunes garçons sous leurs ordres. Leurs accessoires consistent en un modèle de bateau en tissu sur une structure de bambou et de fausses têtes de cheval et de lion.

Ils se signalent grâce aux instruments habituels que sont gongs, tambours et cymbales, qui trouveront tout aussi bien leur utilité pendant le spectacle. Celui-ci comprend en général les numéros suivants :

1. Le meneur, assis par terre, commence par jouer du tambour et des cymbales, tandis que les deux jeunes garçons, dont l'un est déguisé en fille, chantent ensemble ou à tour de rôle pendant toute la durée du numéro.

2. Au cours du deuxième numéro, appelé 跑竹马 *pǎo zhúmǎ* « monter le cheval de bambou », l'acteur accoutré en fille monte « à cheval » et chante un air célèbre évoquant des acteurs et auteurs de la dynastie Han (*NdT : il s'agit en fait de la chanson* 昭君出塞 *Zhāo Jūn chū sài, « Dame Zhao franchit les passes ». La Princesse Zhao, offerte en mariage à un seigneur barbare, s'est plus tard suicidée*).

3. Il y a une anecdote « historique » en relation avec le troisième acte, appelé 大头和尚斗柳翠 *dàtóu héshang dǒu Liǔ Cuì*. C'est l'histoire d'un bonze doté d'une tête énorme qui se consacre entièrement à ses devoirs religieux. Un jour un esprit-renard incarné dans le corps d'une belle jeune fille (Liu Cui) tente de le séduire, mais sans succès : le bonze continue ses prières. Cette pièce est une pantomime dansée et ne comprend aucun dialogue.

4. La « danse du bateau à sec », 跑旱船 *pǎo hànchuán*, clôt généralement le spectacle. Le personnage féminin s'introduit dans le « bateau », et se débarrasse des petites semelles de bois sur lesquelles il clopinait pour les premiers numéros (semelles imitant les petits pieds bandés des filles). Il s'arrange pour que le public ait vraiment l'impression qu'il est assis dans le bateau. Puis il parcourt la scène improvisée au son du tambour et des cymbales, l'autre garçon maniant une perche comme s'il propulsait l'embarcation.

On voit donc qu'un bon spectacle comportait déjà, comme sous toutes les latitudes, du drame, du sexe, et de la comédie...

Ce type de spectacle semble remonter à la fin de la dynastie Tang, soit la fin du IXe siècle. Il est surtout pratiqué au cours des festivités qui célèbrent l'approche du Nouvel An.

Traditionnellement l'étoffe formant la « coque » devait être verte ou bleue, et parfois peinte, pour imiter les vagues. Le rôle le plus important est celui de l'acteur dans le bateau, qui doit simuler l'effet du vent et des vagues dans sa gestuelle. Il est parfois dit que cette danse est l'une des coutumes populaires qui honorent le poète patriote Qu Yuan (voir « Les vendeurs de papillotes », p. 53). Dans les villages le bateau pouvait être remplacé par une maquette de cheval ou d'âne.

Les vendeurs de fleurs de grenade artificielles

Ils ont pour cri d'appel :

石榴花兒來揀樣兒挑！

Shí liú huār lái jiǎn yàngr tiāo !

« Fleurs de grenade ! venez choisir votre modèle ! »

La plupart d'entre eux sont de vieilles femmes, qui portent sur leur dos une ou plusieurs boîtes en carton remplies de ces « fleurs de grenade » artificielles. Ces décorations sont faites à la main, en papier ou en soie, et vendues avec deux feuilles vertes. Une épingle de métal réunit le tout, en fer pour les fleurs de papier, en cuivre pour celles de soie. À l'approche du Nouvel An, les femmes et les jeunes filles arborent toutes l'une de ces fleurs dans leurs cheveux. D'autres étaient disposées sur l'autel des ancêtres. En effet au Nouvel An, chaque famille doit faire un sacrifice aux ancêtres ; les petits pains destinés au sacrifice étaient répartis sur cinq soucoupes empilées en forme de pagode ; les cinq fleurs de grenade sont placées sur les cinq petits pains de la soucoupe du dessus. Cette tradition porte le nom de 五盘包子, *wǔ pán bāozi* « les petits pains des cinq soucoupes ».

Cette tradition semble avoir aujourd'hui entièrement disparu. Nos (quelques) recherches n'en ont pas trouvé trace et les Chinois modernes n'en ont pas entendu parler. Aujourd'hui la tradition culinaire universellement répandue dans le monde chinois pour le Nouvel An est la confection en famille le soir du réveillon, suivie de l'ingestion de masse le lendemain, de raviolis (饺子 jiǎozi). Idem pour les fleurs de grenade artificielles qui ne décorent plus depuis longtemps la chevelure de jais des jeunes Pékinoises en robe mandchoue...

Ces colporteurs écoulent aussi des petites images utilisées pour les sacrifices, par paquet de cinq, qui représentent les huit immortels ou d'autres motifs du même genre. Les images sont fixées à l'aide d'épingles aux légumes ou autres produits offerts en sacrifice. Les fleurs et les images vont ainsi toujours par cinq ; la signification particulière du nombre cinq pour les Chinois remonte à la théorie des « Cinq éléments », c'est à dire le métal, le bois, l'eau, le feu et la terre, associées au cinq planètes que sont respectivement Vénus, Mercure, Mars, Jupiter et Saturne (*NdT : et à tout un tas d'autres choses rangées par séries de cinq : directions, saisons, couleurs, saveurs, odeurs, animaux...*).

Les vendeurs d'almanachs

Ils ont pour cri d'appel :

黃曆，大本黃曆！

Huánglì, dà běn huánglì !

« Almanachs, almanachs complets ! »

En dépit de leur nom, ils ne vendent pas que des almanachs mais aussi des petits carnets de chants ou de poésie. Ceux-ci répertorient les airs à la mode, en général très simples. Le vendeur peut même apprendre au client à les chanter. Les almanachs eux-mêmes sont en vente entre le dixième mois de l'année et le premier mois de l'année suivante. Ces « almanachs complets » de trente-deux pages rassemblent toutes sortes de données et d'informations, dont :

- Les prédictions sur les pluies : cette « météo » est élaborée à partir de calculs portant sur le nombre de « dragons » disponibles chaque année : un seul dragon et les pluies seront abondantes, tandis que si le chiffre maximum de six dragons est atteint, il faut s'attendre à une année de sècheresse ;
- Des photos légendées des membres les plus éminents du gouvernement et de l'administration ;
- Des tableaux permettant de prédire l'avenir grâce à plusieurs méthodes populaires ;
- Un tableau présentant de nombreux symboles magiques, qu'on peut retranscrire et brûler pour soigner les maux bénins ;

Ce détail illustre aussi bien le pragmatisme bien pensé des Chinois que les aspects les plus primitifs des superstitions qui prévalaient dans la populace (et sont loin d'avoir disparu). Ces symboles, ou talismans, dérivés de caractères chinois, étaient élaborés par des magiciens taoïstes ; les cendres du papier brûlé devaient être mélangées à de l'eau et ingérées pour que le talisman prenne effet. D'autres méthodes existaient mais celle-ci était la plus simple et la plus fréquente.

- Les signes du zodiaque chinois, et des horoscopes relatifs aux neuf étoiles les plus importantes ;
- L'explication de certains rêves communs ;
- La description des rites et cérémonies des mariages modernes ;
- Un tableau décrivant les vêtements et les couleurs appropriés à chaque saison ;
- Et la liste des jours propices ou néfastes pour les mariages, les enterrements, les réceptions, la réparation des maisons, l'ingestion de médecines, les travaux agricoles, les visites aux amis... En réalité, tous les domaines de la vie quotidienne des Chinois sont ainsi couverts.

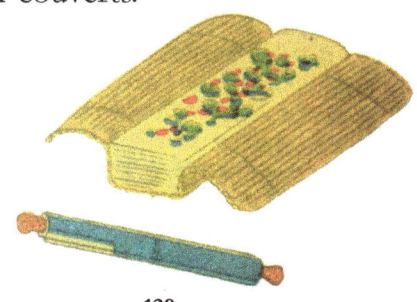

Les marchands d'images

Ces images peuvent représenter des personnages historiques ou légendaires, des personnages de pièces de théâtre ou d'opéras populaires ou encore des paysages célèbres. Deux formats sont disponibles : quatre-vingt-dix sur soixante centimètres, ou quarante-cinq sur trente centimètres. Elles sont imprimées sur du papier épais de médiocre qualité par la méthode de la xylographie (bloc de bois gravé en relief) et les couleurs sont ensuite ajoutées à la main. Elles proviennent du village de Yangliuqing, dans le sud-ouest de Tianjin, ou les femmes et les enfants les manufacturent pendant leur temps libre.

Les images sont roulées ensemble dans une natte ou un rideau en jonc et portées ainsi en bandoulière.

Chacune peut être vendue au prix de quatre à dix pièces de cuivre. Elles sont affichées sur les murs des chambres d'enfant. Elles y servent non seulement de décoration, mais aussi d'aides éducatifs : les mères s'en inspirent pour raconter des histoires portant sur le sujet de l'image.

Aujourd'hui, des méthodes d'impression plus modernes ont été introduites à Tianjin, Shanghai et en d'autres endroits, et pour le même prix les clients peuvent obtenir des images ou des peintures beaucoup plus fines et détaillées, il est donc probable que les images traditionnelles vendues par ces colporteurs disparaissent bientôt du marché.

Une autre sorte de marchands d'image opère à plus grande échelle, dans les quinze derniers jours de l'année. Ceux là se tiennent dans un abri en nattes monté sur les places ou dans les ruelles les plus animées. Ils attirent l'attention des passants par des chants très particuliers et toujours plein d'humour, dont voici un exemple :

東一張西一張
貼在屋里亮堂堂
臭蟲一見心喜歡
今年蓋下過年的房

Dōng yīzhāng xī yīzhāng
Tiē zài wūlǐ liàngtángtáng
Chòuchóng yījiàn xīn huānxǐ
Jīnnián gàixià guònián de fáng

« Une feuille collée à l'ouest et une à l'est,
Elles illuminent les murs des chambres,
Même les punaises s'en réjouiront,
Recouvrons cette année la maison de l'an dernier ! »

Les vendeurs de Dieux de la Porte

Ces vendeurs ont pour cri d'appel :

門神來 – 掛錢來兒！

Ménshén lái, guà qián láir!

« Les Dieux de la Porte sont arrivés... Pendez la monnaie ! »

Ils écoulent des images des deux dieux gardiens des portes qui seront collées sur chacun des deux battants du portail d'entrée de la cour carrée, mais aussi sur les portes des bâtiments intérieurs.

Ces dieux gardiens ont pour nom 秦叔宝 Qin Shubao et 迟恭敬德 Yuchi Jingde, deux guerriers et généraux fameux ayant servi sous les ordres du fils du fondateur de la dynastie Tang. La tradition des Dieux de la Porte remonte au temps du grand Empereur Ming des Tang (685 - 762). Une nuit, Tang Ming fit deux rêves, au cours desquels il se rendait sur la Lune puis plongeait dans les dix-huit niveaux des Enfers bouddhiques *(NdT : l'Empereur Tang Ming était connu pour sa dévotion à une époque qui a vu l'apogée du bouddhisme en Chine, avant la grande proscription de 842)*. Aux Enfers, il vit les deux généraux susnommés qui gardaient un grand portail, et leur demanda ce qu'ils faisaient là. Ils lui répondirent que leur mission était d'empêcher les mauvais esprits de rentrer. À son réveil l'Empereur ordonna que les portraits de ces deux personnages soient peints sur sa porte. Le sens de la tradition est donc bien sûr d'empêcher le mal de pénétrer au domicile des familles chinoises.

> *Les deux généraux sont parfois remplacés dans leur mission par deux images du très fameux* 钟馗 *Zhong Kui, exorciste et chasseur de démons dont la légende remonte également à la dynastie Han. Si laid que l'Empereur lui-même le démit de son titre de premier reçu aux examens mandarinaux du palais, Zhong Kui se suicida de désespoir. Le Roi des Enfers, constatant et sa loyauté et son aspect repoussant, lui confia le rôle de chasseur de démons en chef.*

La « monnaie à pendre » qu'évoque le cri du colporteur est constituée de morceaux de papier rouge ou bleu, de forme rectangulaire, cousus de fils de soie dorée. Ils sont accrochés au chambranle des portes des maisons ou des boutiques. Cette tradition viendrait de la croyance selon laquelle ce qui se ressemble s'assemble ; ainsi l'argent accroché au dessus des deux dieux protecteurs peut ainsi amener la fortune sur les occupants.

Les vendeurs de lampes

Leur cri est : *Shù dēngzhīwǎnr lái yo !*

數燈支碗
兒來喲！

« Les voilà mes nombreuses lampes, ho ! »

Ils vendent de petits bols d'argile de moins de quatre centimètres de diamètre qui ont été peints en jaune avant de subir la cuisson. Au fond de chaque bol a été creusé une petite concavité dans laquelle se loge une mèche confectionnée à partir d'une sorte de papier jaune. La mèche trempe dans l'huile de sésame dont est rempli le bol. Les lampes sont placées sur l'autel des ancêtres et allumées quand on y brûle de l'encens. On les achète en général en grand nombre, par lot de quarante-huit ou de cent huit, ce qui est en rapport avec le nombre d'astres importants dans le ciel nocturne. Elles ne sont mises en vente et ne servent que pendant les huit premiers jours de la nouvelle année, pour des usages religieux exclusivement.

Les vendeurs de liqueur au lait

Ils ont un cri très particulier :

咿呦噢酪喂 !

YĪ YŌU Ō LÀO WÈI !

Les trois premières syllabes n'ont aucun sens
et ne sont là que pour la vocalise !
Seule l'avant-dernière évoque la boisson vendue.

Cette liqueur, appelée 酪 *lào* est d'origine mongole. On chauffe d'abord le lait, puis l'on y rajoute de l'alcool de riz glutineux et l'on met le tout sur la glace : la liqueur refroidit et se gélifie. Ces colporteurs portent sur leur palanche deux grosses boîtes cylindriques avec un couvercle. Dans chaque boîte, autour d'un gros morceau de glace, sont disposés de nombreux petits bols de porcelaine contenant la liqueur. Par ailleurs ces petits vendeurs de rue attirent les clients en en appelant au goût inné des Chinois pour le jeu : ils ont avec eux trois dés, qui sont jetés dans un bol vide. Si le vendeur perd, le client peut boire gratuitement une portion de liqueur, sinon il doit s'acquitter du prix. Mais c'est toujours le vendeur qui gagne à la fin, car le client ne peut pas boire plus de quelques doses de cette liqueur glacée.

À la connaissance du traducteur cette liqueur au lait n'est plus commercialisée à Pékin mais il serait heureux qu'on lui apporte la preuve du contraire. Sa vente remontait à la dynastie des Yuan au XIIIe siècle, quand Pékin appelée en chinois Dadu 大都 *« Grande Capitale », ou Khanbalik en mongol (qui a donné Cambaluc chez Marco Polo), était la capitale de l'Empire. La description du jeu est trop sommaire et n'explique ni sa nature, ni en quoi le vendeur gagne si le client est obligé d'arrêter de boire après avoir bu plusieurs verres gratuits s'il a de la chance ! Plus vraisemblablement, c'est justement parce qu'il n'est plus en mesure de s'arrêter ni de voir ce qui se passe réellement que le buveur risque de perdre à la fin...*

Les vendeurs de gâteau de riz glutineux

Ils vendent ces petits gâteaux en criant :

江米的熱年糕！

Jiāngmǐ de rè niángāo !

« Gâteaux de riz glutineux, chauds ! »

Ils poussent une petite charrette sur laquelle se trouve un four avec une marmite en fer pour la cuisson et d'autres accessoires indispensables. Les gâteaux sont confectionnés ailleurs et découpés en carrés ou en rond, puis placés dans une corbeille en bois à plusieurs niveaux. La corbeille est alors disposée au dessus de la marmite remplie d'eau et la vapeur garde le gâteau au chaud.

Le bois dont sont fabriquées ces corbeilles à étage et pratiquement tous

les ustensiles du même type des colporteurs des rues de Pékin est le bois de saule.

Les fournisseurs de tiges de sésame

Ces hommes crient :

芝麻秸兒來，松木枝！

Zhīma jiēr lái, sōngmù zhī !

« Les tiges de sésaaaaame arrivent,
et les branches de sapin ! »

Ce n'est qu'au moment du Nouvel An chinois que l'on a l'occasion de voir ou d'entendre ces marchands. Ils vendent la paille du sésame, c'est à dire les tiges qui restent après que l'on a récolté les graines, ainsi que des branches de pin et de sapin. Comme beaucoup d'autres colporteurs ils se servent d'une palanche pour transporter leurs produits.

Les tiges de sésame font environ un mètre et demi de long. Quinze ou vingt d'entre elles sont liées ensemble pour former des fagots d'une quinzaine de centimètres de diamètre, et chaque famille achètera quatre ou cinq de ces fagots. La paille est répandue dans tous les recoins de la maison au soir du Réveillon. Cette tradition s'appelle 踩岁 *cǎi suì* (« piétiner l'année écoulée »).

Selon la coutume des temps anciens, la porte d'accès à la maison n'était pas fermée pour le Réveillon. La paille dans la première cour permettait aux gens en train de banqueter et de s'amuser à l'intérieur de la maison sans risquer de manquer l'arrivée des visiteurs, car ceux-ci produiraient un crépitement révélateur en marchant sur les tiges !

Les branches de pin et de sapin sont en revanche utilisées pour la décoration ou bien pour les parfums agréables que leur combustion répandra dans la cour.

Les rémouleurs

Ceux-là se signalent par ce cri :

磨剪子咧噢,戗剃頭刀子！

Mó jiǎnzi liē ō, qiāng tìtóu dāozi !

« Aiguisez vos ciseaux-eh-oh, affûtez rasoirs et couteaux ! »

L'emploi dans l'appel du caractère rare 戗 est dialectal (son sens est normalement « supporter, étayer »). Il remplace son homonyme plus courant 抢 dont l'un des sens secondaires est aiguiser ou affûter.

Le petit banc figurant sur l'illustration était un accessoire caractéristique du rémouleur. Deux pierres à aiguiser, l'une à gros grain, l'autre à grain fin, étaient fixées sur le banc (soit aux deux extrémités, comme ici, soit du même côté), ainsi qu'en général un petit coussin pour le confort de l'artisan. Le récipient à droite contenait de l'eau, la caisse à gauche d'autres outils et ustensiles indispensables à l'exercice de ce métier qui était d'une grande technicité.

Les rémouleurs se divisent en deux catégories, selon l'instrument qu'ils utilisent en plus de leur cri d'appel : ceux qui soufflent dans une longue trompe, et ceux qui manient une sorte de chapelet de plaques de métal, qui provoquent un cliquetis continuel en s'entrechoquant. Ce dernier instrument est le plus ancien, unique à la profession.

La trompe utilisée fait environ cent vingt centimètres de long et est fabriquée de trois sections qui s'emboitent l'une dans l'autre. On raconte que cet instrument est originaire d'un petit pays aux confins du Tibet ; on n'est pas très sûr de la façon dont il est venu à être utilisé par les rémouleurs, mais cela est le cas depuis déjà un bon nombre d'années. Ils poussent en général trois longs coups de trompe, chaque coup comportant un changement de ton au milieu.

Il semble y avoir confusion entre les types d'instruments à vent utilisés. La trompe censée provenir du « petit pays aux confins du Tibet », le Royaume de Kucha (龟兹国 Qiūcíguo), est en fait le 觱篥 bìlì, ou « trompe tartare », une sorte de hautbois en bambou. Kucha était un territoire de langue tibétaine situé dans le Xinjiang actuel, sur la route de la Soie au nord du désert du Taklamakan, qui passa sous domination chinoise sous les Tang. C'est de Kucha que vinrent plusieurs instruments traditionnels comme la pipa et ce hautbois qui ont eu une influence énorme sur la musique chinoise et japonaise. Or la trompe utilisée par certains rémouleurs était faite de cuivre. Il n'a malheureusement pas été possible de retrouver le nom exact de cet instrument qui ne devait s'inspirer du bili que par la forme. Toujours est-il qu'aux alentours de l'an 1895, cette trompe de cuivre avait été adoptée par la cavalerie mandchoue, remplaçant les cornes de guerre utilisées jusqu'alors (il s'agissait en fait de grands coquillages). Après le soulèvement des Poings de Justice, les troupes abandonnèrent encore ces trompes au profit de clairons modernes. C'est probablement à ce moment que ces instruments surnuméraires ont trouvé une seconde carrière chez les rémouleurs pékinois, après avoir été en usage moins d'une dizaine d'années dans les rangs impériaux.

Quand aux chapelets de métal utilisés par la plupart des rémouleurs, ils sont appelés « feuilles à surprendre le gynécée » (惊闺叶 *jīngguī yè*). Ils sont couramment composés de quatre plaques en fer de dix à vingt centimètres de long sur cinq à sept de large. La partie supérieure des plaques est un peu plus étroite que la base et comporte deux trous à travers lesquels passe la cordelette permettant de les relier l'une à l'autre. Le chapelet est aussi relié à un morceau de bois qui sert de poignée, par lequel le rémouleur agite l'instrument tout en parcourant les rues, produisant son cliquetis très particulier.

Ces instruments sont déjà décrits dans certains ouvrages datant de la dynastie Ming. « Surprendre le gynécée » signifie : rappeler aux maîtresses de maison de venir faire aiguiser leurs ciseaux, pour mieux se consacrer à leurs travaux de couture. Il y a plusieurs théories quant à leur origine. L'hypothèse la plus plausible est la suivante : les « feuilles à surprendre le gynécée » représentent les plaques de fer dont étaient composées les armures antiques. Les rémouleurs de l'ancien temps servaient surtout d'armuriers, ils aiguisaient les épées, les haches et toutes sortes d'armes, et avaient pour responsabilité de débarrasser les plaques d'armure de leur rouille, et, naturellement, de réparer les armures et d'en changer les plaques détruites. Cependant, coudre et recoudre les plaques de fer sur la couche intérieure de tissu (en soie ou dans une autre étoffe tout aussi solide) était le travail des femmes de la maison. L'hypothèse, qui veut que ce soit le « cling clang » des plaques d'armures qui « réveille le gynécée » pour en prévenir les occupantes que l'armure avait besoin d'être nettoyée et remontée, est donc assez logique ; le maître de maison devait pouvoir la réutiliser le plus vite possible.

D'autres sources avancent que les plaques de fer rappelaient les miroirs à l'ancienne en métal que les rémouleurs avaient aussi pour tâche de remettre à neuf en les polissant, à moins qu'il ne s'agisse de miroirs neufs à vendre, voire de vieux miroirs échangés. Une autre hypothèse plus vraisemblable est que ces plaques soient en fait de lointaines descendantes d'un instrument de musique antique, le 铁板 *tiěbǎn* ou « plaques de fer » *(Ndt : ce sont les mêmes caractères utilisés aujourd'hui pour les grandes plaques de grillade des restaurants japonais « teppanyaki »)*. Cet instrument était également composé de plaques en métal montées en parallèle mais ressemble assez peu à celui des rémouleurs. Il y a également ceux qui avancent que les plaques ressemblent à des couteaux très anciens, à bout rond, semblable aux outils dont se servent les artisans qui fabriquent les paniers à tiroir pour la cuisson à la vapeur.

BIBLIOGRAPHIE

*Références citées par Samuel V. Constant
dans l'ouvrage d'origine)*

ENCYCLOPEDIA SINICA – *Samuel Couling*, Kelly & Walsh Ltd, Shanghaï 1927

CHINESE-ENGLISH DICTIONARY – *Herbert Giles*, Kelly & Walsh Ltd, Shanghaï 1913

MORAL TENETS AND CUSTOMS IN CHINA – *L. Weiger*, Catholic Mission Press, Ho Chien Fu, 1913

THINGS CHINESE – *J.D Ball & E.C. Werner*, Kelly & Walsh Ltd, Shanghaï 1925

KU TU SHIH YUEH T'U KAO (instruments de musique de la vieille capitale) – *Ch'i Ju-Shan*, impression privée, Pékin, 1935

HUO SHENG (BUSINESS SOUNDS) – vieux document de la dynastie mandchoue, écrit à la main.

Enquêtes de terrains personnelles et conversations avec les marchands de rue.

Autres références

Introduction p. 10, article cité de M. Feng Yi : *The sound of images : Peddlers' calls and tunes in Republican Peking*, 12/2008, à l'adresse internet http://beijing.virtualcities.fr/Texts/Articles?ID=58

Extrait court de *la Montagne de l'Âme*, de Gao Xingjian, en p. 21 : édition utilisée : 靈山，天地图书有限公司 , Hong Kong, 2000. Extrait figurant p. 1.

Extrait court de *Au bord de l'eau*, de Shi Nai'an, en p. 117 : édition utilisée 水浒传，上海古籍出版社 , Shanghai, 2004. Extrait figurant volume 1, p. 23.

TABLE

PRÉFACE
9

INTRODUCTION
15

PRINTEMPS
19

Les vendeurs de graines de pastèques 20 - Les vendeurs de guimbardes 22 - Les vendeurs de thé aux amandes 25 - Les marchands de gâteaux de riz 26 - Les marchands de gâteaux de pâte de pois 28 - Les vendeurs de trompes en feuilles de roseau 29 - Les vendeurs de boulettes de riz glutineux 30 - Les marchands de jouets 33 - Les vendeurs de modèles de broderie 35 - Les marchands de tissus 37 - Les vendeurs d'articles de mercerie 39 - Les vendeurs de galons 41 - Les vendeurs de fils 42 - Les vendeurs de beignets ou « diables frits » 43 - Les devins & diseurs de bonne aventure 45 - Les fleuristes 50

ÉTÉ
51

Les vendeurs de papillotes zongzi 53 - Les vendeurs de *guoziganr* (fruits & noix) 56 - Les barbiers 63 - Les pédicures 67 - Les « colleurs » d'éventails 70

AUTOMNE
73

Les vendeurs de gâteaux de lune 74 - Les souffleurs de figurines en sucre 78 - Les vendeurs de récipients en grès 80 - Les marchands de pots et bassines 81 - Les marchands de bonbons 83 - Les vendeurs d'huile de sésame 84 - Les « batteurs de gourde » 85 - Les vendeurs de galettes 87 - Les charbonniers 89 - Les vendeurs d'onguents (ou hommes-médecine) 91 - Les vendeurs de bouilloires 94 - Les acheteurs d'argent usé 96 - Les vendeurs de porcelaine 98 - Les vendeurs de porcelaine de bas de gamme 101 - Les réparateurs de porcelaine 103 - Hommes et femmes aux allumettes 105

HIVER
109

Les vendeurs de poêles en amiante 110 - Les marchands de radis et de navets 112 - Saltimbanques et magiciens ambulants 115 - Les montreurs d'animaux 118 : *le dresseur de souris - le dresseur de singes savants - le montreur d'ours* - Les marionnettistes 121 - Les danseurs de « bateau à sec » 123 - Les vendeurs de fleurs de grenade artificielles 126 - Les vendeurs d'almanachs 128 - Les marchands d'images 130 - Les vendeurs de Dieux de la Porte 132 - Les vendeurs de lampes 134 - Les vendeurs de liqueur au lait 135 - Les vendeurs de gâteau de riz glutineux 137 - Les fournisseurs de tiges de sésame 1138 - Les rémouleurs 140

BIBLIOGRAPHIE
144

TABLE
145

www.ingramcontent.com/pod-product-compliance
Lightning Source LLC
LaVergne TN
LVHW051038070526
838201LV00066B/4854